城市发展策划

马文军 著

中国城市出版社

前　言

当了十多年城市政府顾问，一直在思考如何推动城市发展的问题，如何帮助城市领导者了解城市的发展资源与不足，寻找城市发展的战略方向，并从空间与设计的角度考虑如何落实，从市场的角度考虑如何实施，如何实现更好的城市建设综合效益。期间主持主导实施了多个城市的发展项目，涵盖了从城市发展战略论证，到重大项目的策划、选址、规划、设计、方案优化等阶段，与城市领导、各级管理部门、开发机构、设计院、咨询公司共同工作，与众多学者、专家、领导讨论，并在实践中理清城市发展策划的思路。

全球化背景下，城市之间的联系更为紧密，资本与人才等城市发展的关键要素流动性不断加强，每个城市都必须尽力提高自身的综合竞争力来留住人才、吸纳资本。作为经济和人类各项活动的主要载体，城市的发展正面临越来越复杂的全球竞争态势。

参与全球和区域竞争必然要求城市从多方面提高自身的各项竞争力，既要有良好的硬件设施和物质基础作为全球城市的前提条件，又需要具有吸引力的城市文化与发展策略作为软件。城市的决策者基于城市竞争的需要而形成的战略思考，需要通过关键性的项目予以实施，引进产业、明确功能、配置空间资源、提供设施配套，最终持续运营，这一过程既涉及众多的城市部门，又影响着多元化的利益主体；既需要各种建造与建设，又需要投资和营销；既涉及复杂的技术系统，也涉及多元的利益关系。因此，城市的整体发展过程，以及关键性项目的开发过程，都需要系统的筹划与安排，从战略上体现决策者的发展理念，从战术及各具体战役中优化技术、平衡利益、组织实施，这一完整的工作过程就是城市发展策划。

城市发展战略的制定与落实，始于对国家及区域政策的认识，对城市产业资源、空间资源、创新资源、人文历史资源的梳理，加上对城市发展现状以及竞争发展态势的客观评价，从而形成城市发展的战略构想，明确城市战略形象宣传的目标，制定行动计划，并通过关键性项目加以实施。

国家确立了新的"国民经济与社会发展规划+国土空间规划+设计建设"的城市发展与建设体系，各城市政府部门针对其业务进行对应的城市发展管理。作为城市决策者的市长需要贯彻其城市发展的战略构想，掌控各层次的规划及组织实施。由于城市发展战略侧重于方向性的问题，因此内容不宜过细，不能转化为直接的行动指南，其结果是即使政府各职能部门也未必十分了解决策者的战略意图，未能将之系统分解为可以指导具体管理行为的战术安排，而具体执行项目建设的业主（如城市设立的城投、建投等平台公司）未能将之细化为可以控制建设实施的行动计划，从而导致设计方不断修改方案，项目工期、品质、投资失控，给城市发展带来损失。因此需要通过细化的行动计划，明确关键性项目的目标框架，使各管理部门了解各自在关键性项目实施中的职责，使设计单位得到比较明确的任务书，从而形成针对城市发展关键性项目的有效控制方法。

本书以城市各种尺度的发展为对象，结合十多年协助城市决策者进行战略策划和关键性项目实施的实例，从城市发展的空间战略诊断到产业招商引进，从重大活动策划到重要设施的选址和设计，从公共项目的投融资到营销，从市民安居乐业的住区到高新科技园区的建设，从智慧化传感城市到智慧治理等多个主题的城市策划实践，系统地分析了城市发展策划的理论和方法，既能够帮助城市决策者将其战略构想生成关键性项目，厘清"做什么""何时做""怎么做""谁来做""谁投资""谁运营""怎么管"等核心问题。也能帮助城市各职能部门结合相应的城市战略，成功实施城市关键性项目。同时，还有助于各利益相关方识别城市发展的相应机遇，积极参与城市关键性项目的建设，推动城市发展。

目 录

1 城市发展需要策划   001

1.1 全球化的城市竞争，需要发现问题、确定方向，制定城市竞争的战略   001
1.2 领先的项目成为城市脱颖而出的前提：通过项目实现战略   004
1.3 城市发展策划的出现：系统化的策略是城市品质化发展的解决方案   005
1.4 城市发展和建设的主要利益方及其诉求   006
1.5 城市发展活动的主要特点   008
1.6 城市发展中容易出现的问题   009
1.7 城市发展策划的作用   011

2 城市发展策划理论和方法   019

2.1 城市发展策划的定义   019
2.2 城市发展策划的目标对象   021
2.3 城市发展策划的三个层次   021
2.4 城市发展策划的组织形式   025
2.5 城市发展策划的原则   026
2.6 城市发展策划目标体系构建   031
2.7 城市发展策划的步骤   033

3 认识城市，从城市战略诊断开始　　051

3.1 核心概念　　051
3.2 诊断方法在城市的应用　　053
3.3 何为城市诊断　　055
3.4 城市规划诊断的提出　　057
3.5 城市规划诊断的组织　　061
3.6 城市规划诊断的主要程序　　062
3.7 城市空间发展战略规划诊断方法　　073
3.8 小结　　090

4 城市发展需要营销　　091

4.1 竞争是城市营销的时代背景　　091
4.2 通过战略营销指导城市发展　　096
4.3 城市总体环境条件分析　　099
4.4 城市目标市场分析　　103
4.5 城市战略营销定位　　112
4.6 什么是城市"产品"　　114
4.7 城市产品定位　　122
4.8 城市战略营销组合策略　　125

4.9	城市战略营销行动计划	132
4.10	城市战略营销与城市规划的协调机制	133
4.11	小结	140

5 产业策划   141

5.1	产业和产业规划面临的挑战	141
5.2	产城关系	146
5.3	为什么需要做产业策划	147
5.4	产业策划的概念	150
5.5	产业策划需要弄清的问题	151
5.6	城市产业策划的层次	152
5.7	产城关系视角下产业策划的作用机制	155
5.8	产业策划的组织	157
5.9	产业策划的步骤	158
5.10	产业策划的成果	172
5.11	保障产业策划成功的机制	173

6 案例：集成电路产业发展策划及集成电路产业园区开发策划   175

6.1	产业选择——为什么选择集成电路产业	175
6.2	第一轮产业筛选	175
6.3	第二轮产业筛选	179
6.4	第三轮产业筛选	181
6.5	产业筛选结论	182
6.6	产业策划目标与定位	183
6.7	产业策划实施	184
6.8	小结	198

7 案例：泉州市普贤路地区建设策划　　199

7.1　背景环境分析　　200
7.2　产业分析　　201
7.3　普贤路两侧发展战略目标　　209
7.4　业态配置及规模预估　　210

参考文献　　212
后　　记　　216

1 城市发展需要策划

1.1 全球化的城市竞争,需要发现问题、确定方向,制定城市竞争的战略

1.1.1 城市总体规划的不足

经过改革开放数十年的实践,我国已经形成国民经济和社会发展规划、土地利用总体规划、城市总体规划共同组成的规划体系,各级政府制定发展规划确定目标,通过城市总体规划落实到具体空间,并由上级政府通过土地规划实施监督。

然而,发展规划的期限是5年,而城市总体规划和土地利用总体规划的期限分别为20年与15年。不同部门的编制中有着不同的法规与标准,而且,以总体规划编制为例,当前我国的城市总体规划还包含了5年期的近期目标以及15~20年期的远期目标。然而由于当前国内城市化的速度日新月异,使得许多城市的总体规划尚未真正发挥作用就已经与实际建设情况相距甚远,总体规划难以真正起到其应有的引导作用。

而造成这种情况的原因是多方面的,最主要的有两点:一是传统总体规划关注最终的目标而忽视过程,侧重描述一个看似完美的"终极状态",而对如何达成这一愿景所需要的实施与控制管理措施不做考虑,缺少对于规划实施的相关政策的研究和法律规范性表述,加上实施周期较长,使得总体规划容易在实施过程中因为缺乏合理的实施与管理措施而偏离目标,最终导致总体规划失灵;二是总体规划过于全面,依然沿用计划经济的思路,以政府

单一主导的终极蓝图式规划，来应对市场经济条件下的城市发展❶。

最重要的是，事实证明，总体规划过于受空间和土地因素的限制，造成这种详细而全面的规划类型缺乏弹性，可行性差，甚至是与规划之外推动城市发展的力量相抵触的。一个更灵活、主动和更具参与性的规划，而不是一个旨在控制和限制城市发展的规划将是更加必要的。

1.1.2　城市财政的困难：城市公用事业资金匮乏，来源单一

我国国家与地方实行分税的方式，城市用于公共事业的资金大部分来自于房地产开发的土地出让收入。由于房地产市场的高速发展，通过这一方式为各地带来了惊人的资金。据统计，2020年全国土地出让收入8.4142万亿元，占到全国财政收入的46%，占到地方财政收入的84.03%。北京、上海、广州、深圳这些一线城市每年的土地出让收入都在1000亿元以上，因此也有土地部门是城市"第二财政"的说法。2020年上海土地出让收入达2952亿元，位居全国城市第一，而部分城市对于土地财政的依赖程度❷极高，12个城市土地财政依赖度超过100%，14个城市超过50%，温州甚至达到179%（表1-1、表1-2）。

然而，这一模式推动城市建设和经济社会发展的同时，也大幅推高了城市房地产的价格，既增加了民众的生活压力，造成社会矛盾，也抑制了其他产业发展的空间，因此难以长期持续。城市的发展与建设无法停下脚步，面对巨大的资金需求与捉襟见肘的财政收入来源，城市管理者必须具有持续经营的能力，力求在恰当的时机，募集足够的资金，进行合适的建设，满足城市与市民的需要。

---

❶ 李晓江，等.当前我国城市总体规划面临的问题与改革创新方向初探[J].上海城市规划.2013（03）.

❷ 土地财政依赖程度=（土地出让收入/一般公共预算收入）×100%。我国政府的财政收入主要分为两大类，分别是一般公共预算收入和政府性基金收入。一般公共预算收入又分为税收收入和非税收收入。税收收入，就是增值税、消费税、所得税、印花税、资源税、车船税、烟草税等几十种税加起来的总和。非税收收入则包括国有资本经营收入、各类罚款收入、彩票公益金等诸多项目。土地出让金被归入到政府性基金收入，甚至可以说，土地出让金构成了政府性基金收入的主体。

2020年我国土地出让金最多的十大城市　　　　　　　　　　　　　　　　表1-1

排序	城市	土地出让金（亿元）
1	上海	2952
2	杭州	2574
3	广州	2564
4	南京	2094
5	北京	1857
6	武汉	1840
7	宁波	1366
8	佛山	1357
9	成都	1311
10	重庆	1255

2019年土地财政依赖度最高的十大城市　　　　　　　　　　　　　　　　表1-2

排序	城市	土地财政依赖度
1	温州	179%
2	昆明	163%
3	福州	153%
4	杭州	140%
5	太原	126%
6	合肥	116%
7	武汉	113%
8	西安	107%
9	广州	107%
10	南京	107%

1.1.3 产业升级的挑战：产业转型与科技创新的需要

国家的竞争，归根结底是科技实力的竞争，城市的竞争还来自产业实力。城市产业的发展路径选择中，既有基于原有产业基础的发展方式，也有契合时代需求的新型产业发展道路，前者依托城市人才、企业及相关资源，将优势产业做大做强，需要以人为本，适应人的需求，广纳英才；后者则需要城市决策者高瞻远瞩，找准国际国内的产业发展方向，集中资源和政策，建立产业体系。因此，创造宜居、宜业、宜乐、宜游的人居环境，以及为产业发展提供空间支撑，是城市提升竞争力的必经之路。

1.1.4 城市建设过程缺乏全面统筹考虑

现行的法定城市空间规划一般分为总体规划和详细规划两级❶，其强制性内容中既有需要政府审批、监督、管控的内容，又有需要通过市场配置方能落实的空间布局内容。对应多方事权的强制性内容容易导致"刚性不刚、弹性不弹"，难以落实和监督。城市开发策划的加入使得城市建设项目在具体实施层面有了执行的方向和依据❷，向上可以对接城市战略，监控产业的空间需求及现状的产业分布特征，向下对接实施规划，明确实施的各种空间安排和服务需求。只是，实现城市发展的战略构想需要考虑产业、空间与融资运营，通过全面的协调和统筹达成目标。

1.2 领先的项目成为城市脱颖而出的前提：通过项目实现战略 ❸

战略规划按照一个迭代过程，旨在通过更加接近现实、资源和社会公众而改进传统规划的效果，需要在现有的经济、社会和文化变化中确定城市的目标，形成目标、策略、项目和成果间的持续纽带，并在规划制定和实施的整个过程中确保公共利益与私人利益的平衡，面向结果，以目标作为手段，通过关键性项目的实施实现战略目标。

随着市场机制越来越深入地应用于各种发展资源的配置，基于当地政府、投资开发者、咨询机构和市民等相关参与者利益关系，支持有助于提高经济效益、社会公平和环境可持续性的城市关键性开发项目和工程，实现城市发

---

❶ 严格意义说应该是三级，总规上一层次的城镇体系规划目前已经很少单独组织，一般在总体规划中体现。
❷ 马文军. 城市开发策划（第二版）[M]. 北京：中国建筑工业出版社. 2015.
❸ 马文军，等. 战略规划 [M]. 北京：中国建筑工业出版社，2015.

展的战略构想。

这时，规划的焦点已经关注到局部——"个别领域、节点和基础设施网络"，而"通过关键性开发项目实现战略规划"已成为实现城市发展战略目标的基础和根本方式。

1.3 城市发展策划的出现：系统化的策略是城市品质化发展的解决方案

改革开放之后的几十年里，我国的城市发展均保持了较快的增长速度，中国的城镇化率从改革开放初期（1978 年）的 17.92% 上升到了 2012 年的 52.57%❶，上升了约 34.7 个百分点，年均上升约 1.0 个百分点。短短数十年就完成了西方发达国家数百年的城市化历程，取得了举世瞩目的耀眼成绩，然而与发达国家大约 80% 的平均城市化水平相比，我们依然任重道远。在党的十八届三中全会上，重点提及了"进一步修改完善国家新型城镇化规划"，在未来的几十年中，城镇化和城市建设依然会是国内城市发展的关键任务。

高速的城镇化必然伴随着大量的城市建设，目前国内的大规模城市开发建设过程一般由当地政府主导，以自上而下的形式（即政府以行政手段指导城市建设方针和资源配置措施并由此带动城市发展）进行，时间跨度一般较长。而相关的规划与建筑设计一般仅仅关注静态的技术层面，缺乏对于整体发展的通盘考虑，由此造成许多设计方案与瞬息万变的城市环境脱节而很难落实，更有甚者甚至面临遭到弃用的结局。

现在已有越来越多的城市规划与建筑设计相关专业人员意识到了这一问题，有学者相继提出了建筑策划（庄惟敏❷，1994）和城市开发策划（马文军❸，2005）的概念，他们认为在设计过程中应该考虑使用者与市场的实际需求，对整个建设过程进行合理策划，并将策划结果融入设计过程中去，使得

---

❶ 国家统计局官方网站 www.stats.gov.cn.
❷ 庄惟敏. 建筑策划导论 [M]. 北京：水利水电出版社. 2001.
❸ 马文军. 城市开发策划 [M]. 北京：中国建筑工业出版社. 2005.

设计的成果能够与市场有效结合，并能够为其提供相应的执行依据。

随着城市化进程的不断加快，当前城市的大规模建设项目遍地开花，其开发过程也变得越来越复杂，设计与建设过程中的策划工作日趋重要。相比传统的规划与设计，策划过程的加入不仅使得最终的设计能够更好地适应大型城市开发项目的建设过程，同时也能使项目的设计、建设工作与城市相关要素更好地融合，科学地配置各项城市资源，避免出现与现实脱节的情况。随着城镇化过程的不断进行，策划的概念在当前的城市建设和开发过程中已经得到了广泛的接受和认可。

随着城市建设规模越来越大，现实状况也对于策划工作提出了更高的要求。目前策划的应用范围主要还是集中在城市的片区开发项目（如上海虹桥枢纽）和建筑单体等方面，更加注重项目的具体实施，所能影响的范围相比整个城市区域来说较小，对于周边区域以及整个城市层面的衔接问题涉及较少。

1.4　城市发展和建设的主要利益方及其诉求

大规模的城市发展建设和开发活动参与方众多，主要会有六大类的人群参与到开发活动的不同阶段。

（1）政府相关机构和部门

目前国内主要的城市建设活动都是由当地政府主导，各级城市管理部门负责进行立项、审批、管理，组织设计机构、开发商进行设计和施工，根据项目性质的不同，项目建成后的运营和管理工作有时候也需要政府机构负责，地方政府部门的介入对于项目的成功与否密切相关。

政府是公众的代理人，其目的是维护和增进社会公众的利益。各工作人员的行为必须与组织的宗旨保持一致，致力于社会公共利益的实现。同时，通过上述城市发展与建设活动的成功实施，工作人员能够实现自身合理的利益诉求。

（2）开发机构

城市层面的开发和建设过程中基本都是由当地政府设立的投资和建设平

台、由其委托的机构或者以盈利为目的的开发商作为业主，参与项目的设计、建设和后期的经营管理，并获得相应的经济收益。开发商或企业等实体一般拥有资金实力或技术实力，在建设项目的选址、制定开发强度和内容等方面拥有广泛的影响力，因而能够很大程度上影响城市空间的变迁和发展。

开发商的利益诉求，多为从项目开发中获得直接收益。

（3）投资与融资方

城市层面的建设项目通常需要募集大量的资金来进行开发活动，充足的资金保证是城市发展与建设的先决条件，因此需要有可靠的投资与融资机构，一般由银行和发行基金、债券的金融机构来承担该职责，其利益通过募资的利息条款而取得。

（4）专业技术机构与人员

在大规模城市建设的整个流程中，政府机构和开发机构负责宏观层面的把控、制定规则以及承担相关决策工作，而在具体的实施层面主要由各类专业技术人员执行，主要有规划、建筑、策划等方面的设计人员，结构、机电、概预算、项目管理等方面的专业人员，以及包括运营管理、市场营销等专业在内的其他支持人员，他们来自城市机构和开发机构内部，更多的来自于外部的专业机构，除了获得相应的工作与服务报酬外，通过完成优质的项目设计，还有可能获得专业性的奖项，从而实现专业理想。

（5）承建商

所有前期的想法、设计最终都将变成施工的蓝图，并由承建方将其建成，是整个城市建设活动的关键一环。项目承建商承担着整个建设发展项目落地的重任，其经济利益可以通过项目的顺利落成而实现。

（6）城市居民

所有的城市建设项目最终的使用者和受益者都是城市的居民，而随着公众参与意识的增强，城市居民在建设活动中的作用也日益获得重视，在城市建设的策划和定位阶段充分考虑公众的意见可以为项目的后续建设过程提供指导方向，规避一部分建设风险，同时在项目进行中，公众可以行使监督的权力，避免侵犯公众权益的情况发生。

1.5 城市发展活动的主要特点

（1）主要由政府主导，决策过程复杂

1950年代，美国芝加哥大学教授塔格维尔（R.Tugwell）认为规划就是运用政府的权力对国家的相关资源进行统一合理配置❶。城市层面的建设活动通常规模巨大，涉及的部门、机构、公司和人员众多，同时对于社会发展有较大影响，因而通常需要由政府的城市建设主管部门来主导开发活动和统筹协调各相关方面的关系，而在决策的过程中也涉及多个环节，流程较为复杂，时间跨度大，周期长，可变因素多，有些项目仅可行性研究就需要数年甚至十余年，因此整个开发过程都需要详细而周密的计划。开发过程中不仅需要政府提供必要的政策担保和许可，还需要来自政府的直接投资或者由政府提供担保的其他资金来源，同时项目的管控工作也需要由政府来完成，在此背景下，政府的作用就变得十分重要。

（2）投资规模巨大，资金筹措要求高

城市层面的开发和建设活动需要动用各种社会资源，建设规模巨大，因而对建设资金的数额也提出了较高要求，在项目初始就要考虑资金的筹措以及降低成本。在资金筹措的过程中，需要考虑资金的筹措渠道、使用期限、成本以及是否与进度匹配等问题，而资金的来源是整个过程的重中之重。

鉴于我国城市建设的现状和实际经济水平，城市的各项大型开发活动无法全部由政府提供资金。目前的通用做法一般是由政府筹措一部分资金，剩余部分主要由向国内外银行贷款、发行债券和股票、引入资本雄厚的开发商和金融机构等措施来解决。

（3）对社会和环境影响深远

大型的城市建设项目一般都是从整个城市的社会与经济发展角度考虑进行的，在建成后一般使用寿命都较长，通常会对于周边乃至整个城市区域产生重大而深远的影响。另外，大型城市建设项目由于规模巨大，辐射范围广，

---

❶ 张庭伟. 规划理论作为一种制度创新——论规划理论的多向性和理论发展轨迹的非线性 [J]. 城市规划，2006，（8）：9-18.

在建设过程中有可能会对建设地区的自然、生态、卫生等环境要素产生影响，而在建成后，更会在一定程度上改变所在区域的物质和人文环境。因此一般政府在决定对城市进行大规模开发和建设前，都会首先进行项目的可行性评价，对于项目可能产生的影响进行客观、全面和可靠的评估，而这一类项目对调整城市现有城市产业结构、促进城市快速发展往往有着深远的影响。

（4）开发和周期较长，可变因素多

大规模城市发展建设的规模一般都较大，这一类项目的建设必然是一个长期的过程，在此过程中政策变化、政治变迁和国内外的形势变化等因素，有可能会对于项目的建设产生各类影响，如项目拟采用的技术方案和资金渠道等关键要素将有可能需要重新统筹考虑。

1.6 城市发展中容易出现的问题

（1）政府角色错位，忽视实际市场需求

如前所述，政府在城市关键性开发项目中扮演了极其重要的角色，在实际活动中则表现为不同的部门在不同的时段对不同的行政问题或专业问题进行不同程度的参与，发改部门、规划和建设管理部门、国土部门、交通部门、水利部门、消防部门、环保部门等诸多单位根据职责介入建设过程的不同阶段。政府部门作为规划与建设的主导方，决策的出发点往往从政府本身的利益角度出发（如追求政绩的大规模建设），相关公共项目建设程序中如果没有投资回报上的要求，容易在决策过程中忽视市场实际的需求；另外，诸多政府部门对于决策者的发展战略构想一知半解，却在发展活动执行时扮演业务管理的强势主导地位，往往导致"外行指挥内行"、决策过程不透明的情况发生，而最终的发展建设方向也容易受到各部门意志的影响而发生改变。

城市政府在当前的城市建设中拥有极其强势的地位，具有城市公共资源的所有者、经营者、管理者和监督者四重身份，如果错误地介入城市建设过程中，容易造成政府角色错位，影响城市建设发展方向，限制城市资源市场化运作的步伐。

（2）追求建设规模，忽视城市内涵品质

自改革开放以来，中国的经济发展取得了很大的成绩，其中扩大用地规模以容纳经济活动是较为便捷的方式，因此大部分城市扩张主要依靠建设用地向外蔓延拓展。但是这类以空间扩展、规模至上为出发点，向城市外围扩展的方式给城市的管理运营带来了许多困扰，如交通拥堵、通勤时间过长、职位不平衡等。

（3）追求短期效益，忽视城市可持续发展

由于种种原因，目前国内各级政府都以 GDP 的增长率作为最重要的政绩考核指标，因而不可避免地会对可以快速拉动 GDP 的大型投资与建设项目趋之若鹜，出现不同程度的目标短期化和效益化的倾向。有些城市片面追求短期财政收入，希望城市资源快速变现并体现在 GDP 数字和政府财政收入上，对城市资源进行过度、不合理甚至是破坏性的开发。许多大型建设项目上马仓促，甚至许多对环境具有破坏性的项目也在 GDP 的指挥棒下粉墨登场，造成城市资源的破坏和浪费，导致城市畸形、无序发展。

另外，由于追求城市建设开发过程的短期经济效益，我们往往容易忽视对城市资源的战略性和可持续经营，从而直接影响城市功能的完善和优化机制。城市的资源毕竟是有限的，过度消费的结果只能是使得城市发展后继乏力，难以长期稳定可持续进行。

（4）城市发展目标不明确，定位雷同

当前的城市建设对于城市特色和文脉的忽视已经成为普遍存在的问题，城市规划对于文化方面也很少涉及，许多城市长期形成的特色与文化正在逐渐消亡，在发展过程中完全不考虑自身的城市特点和资源优势，制定不切实际的城市发展目标。截至 2011 年底中国共有各类设市城市 657 个，其中定位为国际大都市的就有近 200 个[1]，如此雷同的定位不仅容易导致产业结构类同，甚至城市面貌趋同。

---

[1] 卢卓君. 效率引导开发——城市规划策划理论及应用研究 [D]. 北京：中央美术学院博士论文. 2012.

据统计，沪苏浙三地的产业结构相似系数很高，沪苏的产业结构相似系数为 0.82，沪浙为 0.76，苏浙最高，达到了 0.97，并且产业结构调整的路径又表现出惊人的相似（陈岩松，2007）❶。目前国内所有具有一定规模的城市都会建设一个甚至多个中央商务区（CBD）或者金融中心，金融、科技、生物医药等高新产业也成为许多城市产业转型的流行选择，不管城市自身是否具备相应条件都要争先上马，高新技术产业园遍地开花，但是目前全国运转良好的高新产业园十不足一，大量的产业园建成后运营惨淡，城市资源的产出效益低下。

1.7 城市发展策划的作用

1.7.1 提升城市竞争力

全球化（Globalization）的概念诞生于 1960 年代（吴志强，1998）。1980 年代以来，在一些西方发达国家逐渐兴起了"全球化"的思潮理论（彼得·霍尔 Peter Hall，1966，1980；约翰·弗赖德曼 John.Fridmann，1982；曼纽尔·卡斯特 Manuel Castells，1983；萨斯基雅·萨森 Saskia Sassen，1991；彼得·马尔库塞 Peter Mareuse，2000）。1994 年联合国秘书长布特罗斯·加利（Boutros Boutros-Ghali）在联合国大会上指出，我们已经进入"真正的全球化时代"。随着经济、科技全球化进程加快以及互联网的快速普及，"全球城市化"演变为世界范围内的普遍现象。

每个城市的发展都受到外部环境的制约，在全球化背景下需要遵循"从全球着想，从本地着手"（Thinking globally, acting locally）的发展概念。目前城市间的竞争逐渐激烈，以北京、上海、深圳近年提出的金融中心建设构想为例，三座城市各具优势，北京靠近决策层，具有优越的政治优势，上海有相对发达和完善的金融产业布局与良好的基础设施和经营环境，深圳有开放的投资环境，彼此竞争非常激烈，若要在竞争中脱颖而出，就必须对于城市发展做出良好的策划，制定合适的战略与方向，通过切实的行动，提高城

---

❶ 陈岩松. 城市经营 [D]. 上海：同济大学博士论文. 2007.

市竞争力，体现自己独特的优势。

如何在全球化背景下准确定位城市发展目标已经成为城市管理者、专家学者与专业技术人员必须面对的问题。全球化的背景要求城市管理者把提升城市竞争力当作首要任务，通过"战略构想+实施方案"的具体行动（图1-1），通过关键性项目的建设（图1-2），不断提高竞争优势，增强城市可持续发展能力，在激烈竞争的环境下获得尽可能大的外部发展空间。

战略构想	城市现有资源、能力	项目地区特征	项目特色定位
彰显城市特色 提升竞争力	现有强大的加工制造能力 文化积淀深厚的设计能力	交通价值 文化资源梳理+文化价值 自然生态价值	城市北部门户 传统文化与当代文化聚集地 国际化养生度假区域

1. 城市需要着重优化产业结构（提升第二产业价值、建构第三产业服务），推动有助于这些产业、环境的建设与营造。
2. 城市旧城区的更新应以旅游发展推动历史街区保护和历史传统保护，配合文化艺术环境的创造，成为城市的传统文化中心区，也是城市以悠久的历史文化传统环境与成就为土壤，培育当代文化、艺术、创意等文化产业发展的重要来源。
3. 自然、交通、景观等方面分析表明，该地区适合密度不大、高度不高，产业高端（包括旅游、文化艺术、养老/养生、居住等），不适合密度大、体量大、中低端、引发交通量大、大型公共建筑、大型城市中心，行政、商务、展演类功能。
4. 片区作为城市传统文化中心区与高铁站、景区之间的连接，具有良好的交通条件，应作为城市现代文化中心区的选址，大力发展当代文化、艺术、创意，以及养生、高端居住等产业。

图1-1 某城市片区从城市战略构想到关键性项目的定位

图1-2 某市关键性项目定位的深化，明确区域定位为"现代文化艺术区"，确定文化集群的主要构成

1.7.2 作为规划设计的依据

城市发展的策略以及相应的政策制定应成为城市发展的核心内容。然而在大多数情况下，城市政府在进行关键性项目建设前缺少对于项目全生命周期的通盘考虑，难以提出具有逻辑性和因果关系的建设要求、指标和明确构想，并以其作为项目规划与设计的依据，从而使最终的规划设计成果与政府的想法之间产生差异，而传统的规划和设计太过于技术化，也是造成规划失灵的重要原因之一。

为了改善这种状况，需要在进行规划设计之前对于城市关键性项目进行周详的策划，考虑清楚项目建设的关键性问题，如谁来建、谁来投、怎么建、建什么、谁来用、谁来管等，这既是对项目可行性研究工作的完善，又是加强项目管理、增强可实施性的有效途径，还对完善最终的设计成果提供了必要依据（表1-3）。

某市公共文化中心项目设计方案经策划优化后调整内容　　　　表1-3

项目组成	调整前	调整后	调整内容
总体范围	公共文化建筑群	公共文化中心	更名，重新设计
01 科技与规划馆	城市规划建设与成就展示馆	科技与规划馆	更名，重新设计
地上建筑面积（平方米）	24018	30296	+6278
地下建筑面积（平方米）	24565	8685	-15880
02 工人文化宫	工人文化宫+大会堂	工人文化宫	部分保留原设计
地上建筑面积（平方米）	36474	31856	-4618
地下建筑面积（平方米）	16000	5446	-10554
03 大剧院	歌剧院	大剧院	更名，重新设计
地上建筑面积（平方米）	36522	35540	-982
地下建筑面积（平方米）	16400	5375	-11025
04 图书馆	图书馆	图书馆	部分保留原设计
地上建筑面积（平方米）	38385	33753	-4632
地下建筑面积（平方米）	10820	4428	-6392
05 商业配套（中轴线部分）	支八路	商业配套	更名，重新设计
地上建筑面积（平方米）		3848	+3848

续表

项目组成	调整前	调整后	调整内容
地下建筑面积（平方米）	11000	165555	+154555
总建筑面积（平方米）	214184	324782	+110598
其中地上建筑面积（平方米）	135399	135293	−106
地下建筑面积（平方米）	78785	189489	+110704
停车位（个）	1564	2298	+734
总投资（亿元）	22.3	32.7	+10.4
原设计方案的问题	• 原建设方案一次性投资较大，且建成后还需持续补贴约 0.5 亿 / 年，给城市财政带来较大压力； • 未能合理利用四大公共文化设施的使用特点，实现功能互补； • 四大公共文化设施各自独立，相互间缺少有机联系，缺少必要的公共空间		
策划提出的主要调整建议	• 增加四大设施间的联系，建构公共文化中心； • 利用各设施高峰使用时段不同的特点，共享地下车库，错峰使用； • 加强中轴线的营造，增加户外公共空间，为体验式的各种活动提供场所，增加中心吸引力； • 增加体验式的商业可经营空间约 5.4 万平方米，增加地下停车空间，为中心的后续运营创造收入来源		

1.7.3 城市发展与关键性建设项目本身的需要

城市发展及各项关键性建设活动具有高度复杂性，在项目开始之初就需要加强对开发活动的各方面剖析与研究，这其中涉及的因素有：市场需求（产品或服务）、选址、建设资金、政府部门、可行性分析、项目定位、方案设计、工程设计、项目建设分期、项目建造、项目销售、项目的营运管理等多个方面。而涉及的程序包括：项目发起、评估、土地的取得、设计、政府许可、合同、实施、租售、管理等。复杂的因素和流程客观要求在这些关键性的项目前期进行发展策划，使得城市发展活动具有可行性、可控性，减少城市资源的浪费。

1.7.4 作为城市精细化治理的依据

传统的规划管理体制本质上对于推动地方经济发展是冷漠的，必须以一个具有市场意识的规划体系来取代它（朱介鸣，1996）。我国城市建设工作正面临着艰巨的调整与改革任务，不仅需要关注城市的经济结构、社会结构和规划的空间布局的变化，还必须对城市建设的管控方式进行改革和完善。大规模的城市关键性开发活动中，需要委托专业人员针对项目建设的目标进行策划研究，深化、细化业主的建设目标，同时还要为后期的项目规划、设计、营销管理提供指导，更要满足城市政府部门的精细化治理的需要（图1-3）。而项目本身也要求各个环节很好地结合，城市建设项目规模越大，涉及的问题越复杂，实施管理越困难，而城市发展策划的加入可以尽量全面地覆盖项目的建设要素，减少管理的难度和项目的不可控性，提高城市建设的效率。

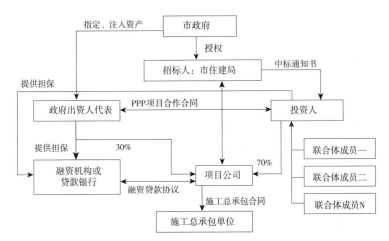

图1-3　某市公共文化中心项目PPP招标组织架构分析图

1.7.5 作为编制法定规划的依据

我国将主体功能区规划、土地利用规划、城乡规划等空间规划融合为统一的国土空间规划，把国家安全战略、区域发展战略、主体功能区战略等国家战略，通过约束性指标和管控边界逐级落实到最终的详细规划等实施性规划上，保障国家重大战略落实落地。

而对于城市来说，发展策划的目的就是为了体现政府对于城市整体发展的意志，找准发展目标，组合资源，形成系统化、可执行的城市发展路径。结合空间规划职能后，通过确定拟发展区域的开发方向和内容、制定管理框架和实施流程的一系列步骤和程序，解决发展构想从图纸到实施之间的过程控制问题，重点关注实施的成效。

1.7.6 作为城市发展与建设的全程安排

城市发展策划活动过程中需要综合考虑政治、经济、社会、环境、设计、管理等多方面因素，涉及战略思考、目标构建、策略制定、建设实施、运营治理等环节，是城市发展与建设的全程安排，需要基于实施而融合产业、空间、配套和运营多个规划的内容，并将整体的城市发展目标分解到各级关键性项目进行建设。

空间规划是城市发展策划的一个部分，是根据策划选定的产业和功能需要，对用地和国土空间资源的配置，以及对配套服务的协调安排。在整个城市的规划编制和管理过程中，总体规划将城市发展所设立的目标落实到空间和用地上，详细规划从细节上限定用地布局和结构以及各项相关指标，而策划需整合各种资源，成为城市发展与建设的全局性与全程性的安排（图1-4、图1-5、表1-4）。

1.7.7 作为协调公众以及多方利益的工具

尽管城市规划与城市发展策划都是为了城市的发展制定战略，但侧重点却有所不同，城市规划主要从政府与公众的立场出发，立足于全局发展，以城市全体居民的利益为基本诉求，重点关注社会的公平；而城市发展策划本质上属于一种项目策划，侧重如何实施。虽然对于社会公平也有所考虑，但

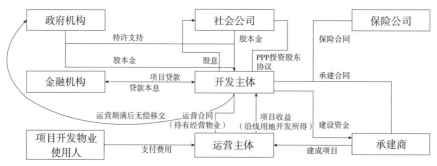

图1-4 某城市快速通道建设策划的投资与运营组织框架图

表1-4 某城市快速通道建设策划的安置补偿多方案比对

北峰安置房、城东全货币补偿方案（亿元）		城东、北峰全货币补偿方案（亿元）		城东、北峰全安置房补偿方案（亿元）		城东、北峰各20%安置房补偿方案（亿元）		城东、北峰50%安置房补偿方案（亿元）	
安置房建设费用	1.9	安置房建设费用	0	安置房建设费用	9.37	安置房建设费用	1.87	安置房建设费用	4.69
街道办事处建设费用	0.18	街道办事处建设费用	0.18	街道办事处建设费用	0.18	街道办事处建设费用	0.18	街道办事处建设费用	0.17
居住拆迁补偿费用	18.68	居住拆迁补偿费用	23.43	居住拆迁补偿费用	0	居住拆迁补偿费用	18.74	居住拆迁补偿费用	17.32
拆迁直接赔偿费用	4.12	拆迁直接赔偿费用	4.69	拆迁直接赔偿费用	1.87	拆迁直接赔偿费用	4.12	拆迁直接赔偿费用	4.40
厂房拆迁补偿费用	4.97	厂房拆迁补偿费用	4.97	厂房拆迁补偿费用	4.97	厂房拆迁补偿费用	4.97	厂房拆迁补偿费用	4.97
征迁成本小计	29.84	征迁成本小计	33.27	征迁成本小计	16.39	征迁成本小计	29.88	征迁成本小计	31.55
通道建安费用	12.5	通道建安费用	12.5	通道建安费用	12.5	通道建安费用	12.50	通道建安费用	12.50
小学建设补助费用	1.92	小学建设补助费用	1.92	小学建设补助费用	1.92	小学建设补助费用	1.92	小学建设补助费用	1.92
中学建设费用	1.44	中学建设费用	1.44	中学建设费用	1.44	中学建设费用	1.44	中学建设费用	1.44
安置地过渡费用	1.12	安置地过渡费用	1.12	安置地过渡费用	1.12	安置地过渡费用	1.12	安置地过渡费用	1.12
公园绿地建设费用	0.51	公园绿地建设费用	0.51	公园绿地建设费用	0.51	公园绿地建设费用	0.51	公园绿地建设费用	0.51
公园人口建筑费用	0.65	公园人口建筑费用	0.65	公园人口建筑费用	0.65	公园人口建筑费用	0.65	公园人口建筑费用	0.65
其他费用（改造公共道路与环境）	0.04	其他费用（改造公共道路与环境）	0.04	其他费用（改造公共道路与环境）	0.04	其他费用（改造公共道路与环境）	0.04	其他费用（改造公共道路与环境）	0.04
配套费用小计	5.68	配套费用小计	5.68	配套费用小计	5.68	配套费用小计	5.68	配套费用小计	5.68
管理费用	5.76	管理费用	6.17	管理费用	4.15	管理费用	5.77	管理费用	5.27
成本总计	53.79	成本总计	57.62	成本总计	38.72	成本总计	53.83	成本总计	55.00
出让地价收入	44.66	出让地价收入	46.69	出让地价收入	37.19	出让地价收入	42.32	出让地价收入	38.58
地价提留	9.60	地价提留	10.04	地价提留	8.00	地价提留	9.10	地价提留	8.30
土地出让收入总计	35.06	土地出让收入总计	36.65	土地出让收入总计	29.20	土地出让收入总计	33.22	土地出让收入总计	30.28
收支相抵亏损	-18.73	收支相抵亏损	-20.96	收支相抵亏损	-9.53	收支相抵亏损	-20.61	收支相抵亏损	-24.72
返还地价提留后亏损	-9.12	返还地价提留后亏损	-10.92	返还地价提留后亏损	-1.53	返还地价提留后亏损	-11.51	返还地价提留后亏损	-16.42
预计开发环节节税收	14.99	预计开发环节节税收	15.7	预计开发环节节税收	12.1	预计开发环节节税收	14.30	预计开发环节节税收	13.2
盈亏平衡	5.87	盈亏平衡	4.8	盈亏平衡	10.6	盈亏平衡	2.79	盈亏平衡	-3.22

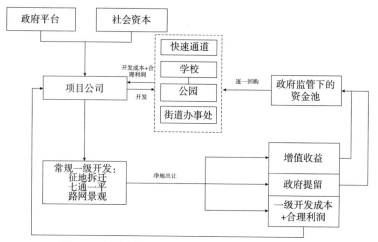

图 1-5 某城市快速通道建设策划的投资与收入模型图

是更多的是考虑多方利益的总体协调,充分考虑现实因素的影响,力求拿出满足城市规划需求以及多方利益诉求、适应城市基本情况的城市发展实施办法。

1.7.8 关注经济成本和市场需要

发展策划工作的整个过程涉及了众多利益方,需要最大化的节省成本以求整体效益最大化,因此需要对开发项目的成本费用与效益进行综合考虑,全面分析开发的经济成本以及所开发项目的潜在价值,同时还需要对项目的融资方案以及最终的营销工作予以考虑,从平衡多方经济利益的角度出发,兼顾社会、环境和文化的要素,追求综合效益的最大化。

2 城市发展策划理论和方法

2.1 城市发展策划的定义

古人云:"凡事预则立,不预则废"。这个预,即是预测、准备、策划。

策划,也作"策画",源于古代,取策略规划之意,策划的前提是存在竞争,最早应用于军事领域,逐渐成为涉及多个学科的综合性科学与艺术,并向政治、经济、社会、文化、艺术、体育等多方面扩展。

策划是一门涉及多方面知识的综合性学科,它是这样一个过程:根据已经掌握的信息,推测事物发展的趋势,分析需要解决的问题和主客观条件,在行动之前,对指导思想、目标、对象、方针、政策、战略、策略、途径、步骤、人员安排、时空利用、经费开支、方式手法等做出构思和设计,并形成系统、完整的方案❶。

对于城市发展来说,本质上策划是立足现实状况,以科学和创意为最大特点的科学程序,通过这一程序对事物的发展趋势进行预测,捕捉机遇并有效整合各种资源,制定具有可实施性的完整方案,涵盖产业、空间、资金、配套服务、运营等方面的安排,从战略开始,从大到小,深入浅出,从谋划到实施,从评估再开始,推进城市不断发展、产业升级、人居优化、服务改善、综合实力和吸引力提升,以有效地达到所设定的城市发展目标(图 2-1)。

---

❶ 马文军. 城市开发策划(第二版)[M]. 北京:中国建筑工业出版社. 2015.

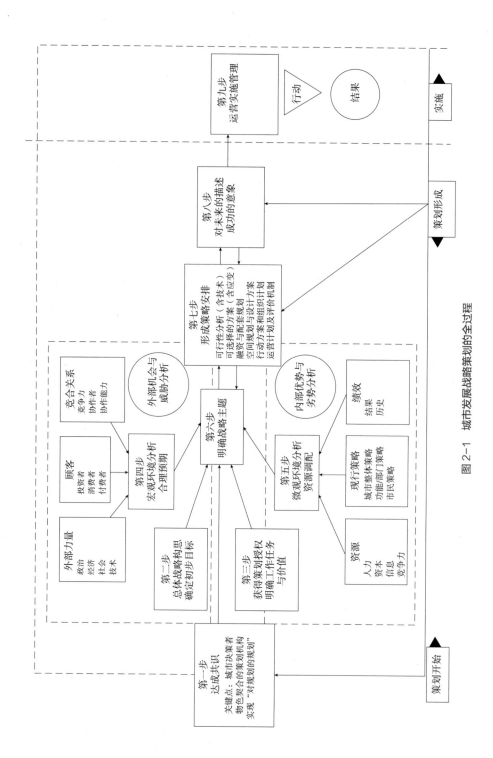

图 2-1 城市发展战略策划的全过程

2.2 城市发展策划的目标对象

城市发展策划立足于城市整体发展，主要研究的是城市区域的建设、改造活动与城市长期发展战略的关系，以城市区域为研究对象，包括新区建设、城市更新、关键城市区域建设、改造与提升工程等内容。策划工作从城市特定研究区域的内外部环境入手，分析城市发展趋势和政策变化，对片区的业态、功能与运营管理等方面进行分析，探寻该片区未来发展的根本需求。在最终分析结果基础上提出相应的区域发展策略，给出相应的实施办法来指导片区开发建设和运营。

2.3 城市发展策划的三个层次

城市发展策划中的"策划"包含了两层意义：①策略形成：即确定目标，提出想法，进行各项功能配置，性质上偏重于蓝图的描绘，所侧重的是思考的过程；②安排实施：为保障制定的最终策略顺利落实，需要对整个建设过程进行充分评估，针对策略成果提供具体的操作和管理办法，为相关管理部门提供执行依据，性质上偏重于行动，侧重的是管理与实施的过程。

城市发展策划最终的成果将构成一套精细化的控制管理体系，作为供政府和城市管理相关部门以及运营经常使用的工具，这也是城市发展策划的本质。主要体现在两个方面：一是形成设计控制工具，政府通过它对于城市区域建设目标全程控制，并在最终的设计文件中体现政府和各相关利益方的意志；二是形成管理控制工具，综合考虑可能涉及的所有相关因素，平衡各方利益关系，制定相关实施办法，保证最终建设结果符合预期，避免出现目前普遍存在的大规模偏离发展目标的情况出现。

既然城市发展策划是一项控制工具，那么策划的出发点必定是目标导向的，有目标才有所谓控制。在策划开始之前，城市管理部门就需要根据城市自身的特点，将策划所需要达到的战略目标明确下来，作为正式进行城市发展策划的依据，而策划进行的过程，就是一个与初始目标不断协调、不断适应的过程。这个过程可能反复多次，经过多方协调磋商之后达到基本满足相关利益方要求的相对平衡的结果，而这个结果，将作为项目所有参与方共同承认并予以实施的重要依据。

按照组织者和发展阶段的类型，城市发展策划大致可以分为战略、战术、执行三个层次（表2-1）。

城市发展策划的三个层次　　　　　　　　　　　　　　　　　　　　　　表2-1

策划层次	主要功能	主要特征	主要服务对象	对应的规划种类	工作时间	案例
战略层面	通过调查研究，并汇聚多方意见，对城市未来进行预测和规划，制定行动方案，为城市重大事件提供全局性的咨询	站位高远、视野宽广，侧重对未来发展方向的预判	城市决策者(书记、市长为代表的四套班子等)	城市发展战略、概念规划、总体规划	决策前；法定规划编制前	某市经过对内分析和外部发展机会研判后，确立"健康城市"的战略构想（案例2-1、图2-2、图2-3）
战术层面	为实现城市发展战略而进行的工作	结合城市职能部门的设置，强调协同	城市各主管部门	产业功能规划、专项规划、城市设计、配套服务、行政编制设置	法定规划编制中	分别从产业策划、空间选址、配套资源、组织架构等方面展开策划（图2-4）
执行层面	将前期所有阶段的创意、策划、战略、设计具体化，转换成对于项目的具体实施方案，为具体的项目设计服务	侧重实施，强调服务与过程	政府平台公司、开发商	项目策划、详细规划、单体设计	决策后；规划实施过程中	为实施战略构想和战术安排而进行的、有针对性的实施方案（图2-5）

案例2-1　某市建设"健康城市"的战略策划

一、战略的提出

（一）外部分析：

健康产业发展趋势判断：中国将迎来健康产业的爆发式增长

①市场红利：健康消费意识的提升和人口老龄化的加速将进一步推

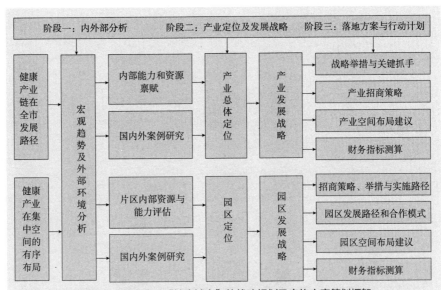

图 2-2 某市建设"健康城市"的战略规划及实施方案策划框架

图 2-3 某市健康城市策划确立的大健康产业生态体系

动健康产业发展。

②政策红利：政策引领行业步入变革时代，健康服务面临历史性成长机遇。

（二）内部分析：

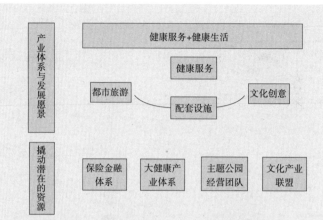

图2-4 某市大健康产业生态体系的建设选择

图2-5 某市设立特色医院的实施策划框架

1. 某市发展健康产业的机遇和挑战

①发展机遇：区位优势明显、森林及绿心等生态环境良好、教育资源雄厚、民间资本充裕。

②面临挑战：相关产业基础薄弱、已有医疗事业面临信任挑战。

2. 某市打造健康产业集群需关注的五大核心议题：

①精准定位、差异化发展；

②构建完整的健康产业链生态；

③综合谋划产、城、景三者共融发展；
④关注健康产业的空间布局；
⑤打造相配套的城市环境。

2.4 城市发展策划的组织形式

大规模的城市发展活动在全国都呈现出如火如荼的场面，其影响范围一般较为广泛，规模较大，开发类型和方式也在不断发生改变，因此对于策划工作的深度和广度提出了新的要求，需要对策划活动进行更为有效的组织和管理。

对于城市区域层面的发展活动来说，建设的主导者永远只有一个，即当地的城市政府，城市政府由于其行政属性，对于策划工作一般欠缺相应的执行能力，因此宜选择委托具有相应能力的专业策划机构进行策划工作，而根据不同项目的特性和相关需求，城市发展的策划活动可以有以下两种形式，在实际工作中，需要根据不同的项目特点进行灵活选择。

2.4.1 模式1：由政府主导、单一策划咨询机构执行

此类策划工作由政府委托给某一具有多项资质和相关咨询经验的机构进行项目的总策划，所有的策划活动由该机构独立完成或寻找相关支持方完成，政府仅需要考虑与该机构对接即可，这种方式有利于整体工作的协调，提高效率并产生较优的方案，同时对于整个策划工作的时间和进度具有较好的控制作用，最终的策划成果质量较有保证，但是对于该策划机构的总体协调能力提出了较高要求，单一策划的费用相对较高。

2.4.2 模式2：由政府根据实际需求选择不同类型的专项咨询机构

此类策划工作由政府的各主管部门（以特定空间开发为主的一般为规划部门（自然资源局），建设项目为主的以住建局为多，产业为主则为行业主管部门为主）出面牵头，并对项目进行分解，然后组织不同专业的咨询机构

进行策划工作，政府主管部门或设立的领导小组居中协调，对工作思路、时间计划、最终成果以及其他相关内容进行控制，这一类型的策划工作一般耗时较长，对政府部门的组织协调能力也提出了更高的要求。

当政府具有较强相关技术力量和策划经验，并对待发展区域和产业有较为完善的发展构思时，可以选择模式2，由自身牵头组织各咨询机构并主导整个项目策划过程，保证自身意图能够得到良好的贯彻；如果政府对于将要发展区域和产业缺少明确想法和经验时，建议选择模式1，依托较为强大的咨询机构进行整体策划。

2.5 城市发展策划的原则

2.5.1 市场化原则

我国实行的是社会主义市场经济体制，市场在资源配置中起决定性作用。按照经济学观念，市场是某种物品或劳务的买者与卖者组成的一个群体❶。从某种意义上来说，我们也可以将城市提供的服务看作一个市场，卖者是政府，他们提供城市服务，吸引买者前来购买和消费，潜在的买者包括居民、投资者、旅游者等，他们通过分析城市的供给与他们的需求是否匹配来决定是否购买政府提供的城市各种服务（消费、旅游、投资或者定居）。

有市场就会有竞争，当前的城市竞争日益激烈，全球化背景下每个城市都需要充分挖掘自身的潜力，体现自身的优势，以期在城市竞争中立于不败之地，因此在城市发展的过程中就需要转变计划经济时代的按需建设观念，向市场化的城市建设机制转换。

供给和需求是市场经济运行的力量❷。在市场经济条件下，每一个卖者都会尽力提供能够满足消费者需求的商品，提升市场竞争力并获得收益，对于城市来说，提升城市吸引力与竞争力是满足消费者需求的必然路径。城市竞

---

❶ 曼昆．经济学原理第五版[M]．北京：北京大学出版社．2009．
❷ 同上。

争力涉及的因素较多，概念比较难以准确定义，主要是指一个城市相较其他城市在竞争和发展过程中所具有的吸引、争夺、拥有、控制和转化相关资源并争夺和控制市场，并为其居民提供较高质量城市服务的能力❶，它是一个复杂的系统，为了方便理解，可以简要将其用下列等式概括：

城市综合竞争力 = 城市硬实力 + 城市软实力

其中硬实力包括城市区位、城市风貌、基础设施建设、环境等物质性要素，而软实力主要包括文化、制度、人才、科技水平、资本等非物质性要素。除了城市区位无法改变之外，硬实力中的要素都与城市的建设活动有关，城市建设的好坏与否，直接影响到城市综合竞争力的提升，因而需要予以高度重视，积极利用市场的资源，积极谋划城市的发展，短期可以通过具体项目，实现产业的发展和局部的改善，长远来看，可以通过持续的建设，提升城市的综合竞争力。

笔者认为，在城市发展策划中必须充分考虑市场的因素：从短期来看，能够很好地满足消费者需求，为城市迅速带来经济收益，从长远来看，更可以有效地提升城市的综合竞争力，提高城市的综合素质和形象。

2.5.2 多方利益平衡原则

城市发展策划中涉及的利益方主要包括直接或间接地参与策划工作的所有个人、团体和组织，按照所代表的利益集团不同可大致分为四大类：①代表国家利益的主体，例如地方政府、规划和城市建设等相关管理机构和平台；②代表市场利益主体的各类开发商、施工建设企业等相关利益团体；③直接利益受到影响的市民公众；④具备规划和策划等相关专业知识的专业人员，如规划师、设计师等。他们各自在现行的规划体制中扮演不同的角色，其中前三类为主要的相关利益方，有各自的利益诉求。

改革开放前，城市建设主体仅有代表国家利益的城市政府或者国企，一切建设均根据需求按照计划安排建设，因而也基本不存在利益冲突；而随着

---

❶ 倪鹏飞. 中国城市竞争力与基础设施关系的实证研究 [J]. 中国工业经济. 2002.5.

社会不断发展，城市土地使用方式已经由计划经济条件下的无偿划拨转变为社会主义市场经济条件下的有偿使用与行政划拨并存，建设方式也由政府组织、统一投资建设转变为市场开发为主，计划建设为辅。城市建设中除了政府这一最大的利益集团之外，还存在包括商业投资者、各类开发商、公众、相关施工和建设企业、专业人员在内的多元利益主体，他们"为了争取或维护某种共同利益或目标而一起行动"，形成各自的利益群体。在此背景下，需要在城市建设项目中综合考虑各利益主体的需求，平衡并协调各方的关系，使得城市社会和谐发展。

古语有云：天下乃天下人之天下。对于城市来说也是如此，每一座城市都由当地居民共同所有，在多方利益主体中，公众是社会和谐的基础，因而更加需要加以重视。当前的城市建设的最主要目标就是平衡政府、开发商与公众的利益关系。在城市开发中，这三个主要的利益主体的利益诉求往往较为复杂，有时存在矛盾（如城市更新拆迁），有时又较为和谐（如兴建轨道交通等服务于城市整体的大型基础设施）。三者围绕市场机制形成了既对立又统一的辩证结合体，并由此产生了空间利益的博弈，因此，对于这三方来说，需要整合产业功能、空间布局、设施服务、运营管理等规划，兼顾各自的空间利益分配，并尽可能用相对平衡、温和的手段在策划结果中体现。

2.5.3 可实施性原则

如前所述，城市发展策划实质上是一套管理与控制工具，本身就是一套用来实现城市发展愿景的逻辑缜密的治理系统，主要关注的是规模较为复杂的城市和区域发展，成果实施也更为复杂，必须把战略构想与设计实施、管理与运营过程有效结合和组织起来，保证在建设过程中的每一个环节都是可操作的，因此城市发展策划必然需要具备可实施性，为城市创造切实的价值。可实施性可以保证策划的结果能够实现，项目的建设也能得到保证，如果实施失去控制，那么策划的目标方向再美好也是空中楼阁，无法转化为真正对城市发展有所帮助的成果。

2.5.4 主导性原则

主导性原则主要体现在两方面，一是便于政府自上而下的全程治理，二是对于发展项目本身的控制。

毋庸置疑，政府是城市发展的主导者。在计划经济时代，所有的城市资源配置都由政府决定，市场的因素几乎为零，所有的城市建设都是政府根据自己的需要，全程控制与掌握的，即使到了社会主义市场经济快速发展的今天，政府的地位依然强势，城市的发展方向基本都由政府主导制定。

政府在城市发展的过程中扮演了多重身份，而最重要的身份即是城市发展的策划者与建设的监督者，因而城市发展策划需要在此两方面满足政府的需求：最终的成果需要体现政府的意志，同时还要提供便于政府执行和具体实施的管理控制方法，使得整个建设过程能够符合城市的需要，在政府预设的方向运行下去。

除了满足政府主导发展的需求之外，还要体现对关键性发展项目本身的控制。城市的大规模建设涉及因素较多，模式复杂，系统性较强，会给城市的经济、社会、文化等多方面带来深远影响，因此在进行发展策划工作时，需要用恰当的方法与手段研究发展项目的内在运行机制，并以系统化、科学化的方式对整个过程提出控制方法。

2.5.5 可持续性原则

人类可使用的资源是有限的。

可持续性原则体现在两个方面，一是符合环境可持续发展的要求，发展消耗的资源少、环境影响小、碳排放及污染排放少，另一方面是尽可能保留可升级的空间，无论是产业、建筑都有可能落后、老化，因此要保有创新、更新的进化机制。城市建设的可持续发展需要综合考虑城市建设的规模、速度、方向和结构与资源的协调，并注重城市建设与环境、社会、经济的动态平衡。

2.5.6 城市特色的原则

程泰宁先生在1997年清华大学建筑座谈会上发表的文章《建筑的文化

性和社会性》中提到"放眼中国大陆，地无分南北东西，城不分大小，港式装修、欧陆风格、西式幕墙建筑大行其道，在大量廉价的西方建筑仿制品的冲击下，一些城市的特色在消失，地域特征在弱化，这种情况已经引起了人们的思考。"

城市特色是一个宽泛的概念，例如饮食、民俗、山水风光等都可以算作一个城市的特色，但是在城市的物质性空间层面，城市特色存在一个相对狭义而明确的范畴，主要涉及城市的自然山水景观、人工形态格局、建成区的风貌、建筑物的景观等❶，这些要素构成了人们脑海中对城市的印象，既是当地居民的乡愁，也关系到城市软实力的构建，需要在城市建设的过程中予以考虑。

在中国高速的城市化进程中，城市更新成为城市发展最青睐的选择之一，老建筑也随着改造的步伐逐渐消失：在北京，高耸入云的摩天楼挤走了四合院；在上海，四处可见的CBD替代了石库门。除了少数重点文物外，许多城市的历史建筑伴随着城市的大拆大建过程消失了。

中国城市的传统特色建筑与空间不仅在成片消失，而在现代化的建设过程中，许多城市也没能做好特色文化的传承，不考虑城市自身的特色和实际情况，盲目提出"国际大都市""金融中心""高科技产业基地"等城市和区域定位，并在不具备相关条件的情况下强行上马，生产出大量的"现代化建筑"，这些城市美其名曰"筑巢引凤"，无奈天不遂人愿，许多城市出现"筑好了巢，引不来凤"的尴尬局面，自身的城市特色和优势也完全无法得到体现，成为谁也不愿看到的"双输"结果。

出现上述问题的原因是多方面的，涉及整个规划建设体系的决策与实施机制，而城市发展策划作为城市建设过程的重要控制工具，应该在项目开始的初始阶段对城市特色的体现予以考量，并在最终的策划成果中有所体现，充分展现城市优势，发挥"扬长避短"的作用。

---

❶ 王世福. 城市特色的认识和路径思考 [J]. 规划师. 2009（12）.

2.5.7 弹性应变原则

众所周知，城市的关键性建设活动具有延续性，时间跨度很大，因而在开发过程中可能会出现许多变数，这些变数有好有坏，不利的变数往往会对整个发展建设的顺利实施造成影响，相反，一些有利因素的出现也可使建设进程得以大大加快。因此在面对策划时预料之外的意外情况时，策划者应该建立起良好的反馈渠道，通过采取多种应变举措来及时调整、修改既定的方案，以适应因重大调整因素的出现所带来的各方面变化。

2.6 城市发展策划目标体系构建

城市发展策划的目标不仅是对城市提出充满想象力的愿景，更需要对这一愿景进行落地，将其分解成可供具体实施的控制体系，这需要策划者对研究对象进行充分的了解与调研，对其现实情况与未来发展的趋势有着深刻的理解和把握，找出需要解决的关键性问题，并据此设立合理的目标体系（图2-6）。

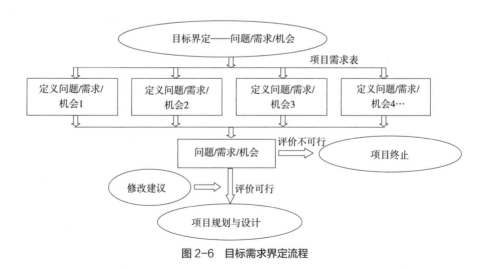

图2-6 目标需求界定流程

2.6.1 前期分析

无论是城市整体发展策划，还是关键性项目的策划，都需要从战略构想入手，以城市区位及资源、空间，用地条件和限制、相关配套设施建设等内容为发展基础，对城市总体发展水平以及特点进行全面分析，确定现实条件是否能支撑城市决策者提出的最初战略构想，然后结合现有城市发展动力和相关机遇，明确功能定位，进而判断项目远期的发展可能性，得出最初的发展目标体系。

2.6.2 动态协调

最初提出的目标往往是理想化的，对于现实中的各项限制性因素考虑不够周全；另一方面，构建过程往往对于业主诉求考虑较少，使得前期分析得出的初始目标存在过于抽象、脱离现实条件、发展时机不合理等问题，难以对后续的项目定位起到指导作用，因此，需要对针对相关利益方的诉求和现实因素结合规划理想进行动态协调，这一过程不仅存在于初期目标体系构建过程中，还存在于在后期的发展定位过程中。在整个项目的发展策划各个环节中，都有可能对目标体系进行动态协调。

动态协调的本质是对近远期的不同利益诉求进行协调整合，它是基于发展的现实情况来调整发展理想，从而在动态过程中将业主诉求和规划设计理想加以落实和具体化，如将空泛的"土地收益"转化为"需要出让多少商业用地"等较为具体的内容。这样便于在深入分析问题的过程中深刻理解所涉及的利益矛盾与冲突，并进行协调，成为受大多数认可的共识，为建立切实可行的目标体系打下基础。

2.6.3 确立目标

目标体系的最终确定是一个"求同存异"、形成共识的过程，在此过程中，需要反复协调相关主体（城市领导者、建设管理者、投资者、使用者及设计者等）的利益诉求和目标价值取向，通过综合、协调和取舍等过程，将其具体化为功能、空间与环境的相互内在关系并以此来建立大多数人可以接受的共识，最终建立"正式"的目标体系。

最终形成的目标体系是可以进行阶段分解、验证和调校的，这一体系有别于传统规划设计产生的终极蓝图，解决的不仅是空间营造的问题，更加关注如何达成"要做什么""如何做""谁来做""如何建立阶段目标"这样一些核心问题的共识，其与实际建设和运营过程紧密结合，更注重实施过程的动态性与实施性。但他的目的并不是取代已有的施工阶段的相关内容，而是在策划阶段对这些过程进行整合，在各个主体之间建立对过程和结果的预期，因此，尽管城市发展策划的最终目标体系涵盖很广，但从后续各沟通协调的环节来看，它更接近一份"共同纲领"，即后续工作的认识基础，而不是严格的"规章"。

作为多方共商发展大计的基础，这一"纲领"将在后续的实施、建设和运营中加以延续，需要说明的是，这一体系在后续的进行过程中依然是有可能进行更改的。

2.7 城市发展策划的步骤

2.7.1 城市发展策划的整体框架

城市发展策划是根据对城市发展与建设项目整体意图的深刻理解，特别是与策划发起方（一般是城市政府）的充分互动与理解，对于待发展区域相关宏观环境（包括社会、经济形势、相关市场运作状况等多个方面）以及所涉及的微观环境（如区域及地块的技术图纸、资料、建设和交通条件等方面）进行系统全面的调查和分析，结合城市上位规划的要求，探寻发展目标的建设可行性、具体发展项目的构成、性质等多个方面的要素，为项目后续的设计、施工和管理服务，提出具体的实施办法（案例2-2）。

  案例2-2　美国某交通设施建设规划框架

一、现有环境分析，确认项目需求，建立目标和目的

(1) 资源清理、数据收集/现场考察

(2) 区域环境定义

(3) 交通和土地利用功能的定义

(4) 项目目标

二、初步公众宣传

(1) 早期地方问题会议

(2) 环境机构协调

(3) 个人外联会议

三、项目定义

(1) 制定替代方案（如有必要）

(2) 建立基本设计控制和评估标准

(3) 确定未来条件（如有必要）

(4) 备选方案筛选

①项目效益

②项目影响

③与适当政策和计划的一致性

④成本

四、项目审查和完善

(1) 项目介绍会

(2) 资源机构协调

(3) 替代改进

(4) 概念工程计划

(5) 评估矩阵

五、最后建议

(1) 项目定义

对拟议项目和考虑的项目备选方案的说明。

(2) 项目效益和影响

符合适当的州和地区标准。

(3)项目与政策和当地计划的一致性

与适当的州和地区政策和计划保持一致。

(4)公众参与过程

规划公众参与过程的文件。

(5)最后建议

2.7.2 城市发展策划——调查

"不做调查没有发言权"。在进行一个策划之前，需要对其背景和环境进行调研，主要调查的内容包括对与策划相关的宏观环境，包括城市的宏观区域背景、经济形势、市场状况、建设、交通情况、历史文化资源等多个方面，以及涉及的微观环境，如涉及的区域及用地资料、建设条件限制，进行系统全面的调查和资料收集（表2-2）。

城市发展策划调查的主要内容❶　　　　　　　　　　　　　　　　　　　　表2-2

调研要素分类	基本构成	控制因素
自然要素	自然环境	地形地貌、生物种群、水体、气候气象、光照
	自然资源	矿产资源、土地资源
	环境保护	山体、水体、植被、生物链、空气、噪声
人文要素	历史沿革	地方历史、人物传记
	传统风俗	风土人情、地方民俗传统
	社会文化	社会思想、大众意识、时代精神、阶级认同
	行为心理	安全感、多样性、愉悦程度
	政策法规	相关领域政策与法规、对行业的影响和限制
社会要素	经济发展	人民生活水平、城市经济指标、财政状况、产业结构与配置
	历史文化遗产	历史建筑、历史街区
	城市建设	公共与商业建筑、公共空间、城市整体风貌
	交通设施	道路、步行空间、可达性、主要交通运输方式
	景观	植被品种、花坛、小品、户外雕塑、铺地

❶ 转引自李肖肖. 城市策划体系及其制度建议 [D]. 北京：清华大学. 2009. 有删改.

根据不同的策划层次和主题，调查的侧重也有所不同（表2-3、表2-4）。

某城市针对市民需求的调查内容及排序　　　　　　　　　　　　　　　　　　表2-3

市民类型	市民主要需求因素
企事业单位工作人员	城市休闲旅游、城市环境、休闲娱乐服务、购物空间、餐饮服务、医疗服务、便利交通
产业工人	城市环境、医疗服务、购物空间、大众娱乐服务、退休保障
个体工商户	经营环境、治安环境、购物空间、医疗服务、大众娱乐服务、城市交通、廉洁高效的政府
私营企业主	休闲养生旅游、娱乐服务、城市环境、购物空间、餐饮服务、廉洁高效的政府、医疗服务、治安环境、教育条件
学生	城市环境、教育环境、娱乐空间
商业服务业员工	教育环境、城市环境、休闲娱乐空间、医疗服务
城市弱势人群	医疗服务、生活保障、城市环境、社会关爱
农业劳动者	医疗服务、城市环境、治安环境、便利交通、社会保障

某城市针对产业投资需求的调查内容　　　　　　　　　　　　　　　　　　　表2-4

投资行业细分		投资需求	
第一产业	农业	耕地资源、水资源	气候、运输业、投资政策
	畜牧业	地形	
	渔业	江河湖泊资源	
	农、林、牧、渔服务业	第一产业基础、居民收入	
第二产业	采矿业	矿产资源	运输业、劳动力成本、劳动力供应、基础设施、投资政策
	制造业	厂房价格、污染处理、能源供应、劳动力素质	土地价格、经济发展水平
	建筑业	工业发展速度、城市建设	
第三产业	交通运输	区位条件、交通优势、城市腹地	经济发展水平、劳动力成本、基础设施、投资政策
	金融业	劳动力素质	
	房地产业	居民收入、城市建设	
	旅游业	旅游资源、城市知名度、交通、城市基础设施	

调查的主要方法包括文献调查法、实地观察法、访问调查法、集体访谈法、问卷调查法等，在选择调查对象的时候，可以进行普遍调查、重点调查、典型调查、抽样调查等，对于可能存在因果关联的调查事项，可以使用探测性调查、描述性调查、因果关系调查等方法。

2.7.3 城市发展策划——分析

城市发展策划的分析重点是对环境的分析，以及对策划项目可行性的分析，与城市规划的分析不同，它涉及的范围更广，不仅仅停留在规划设计的层面上，还涉及发展策划的整体实施，结合城市产业和空间规划的相关要求，探寻项目的可能建设方向、产业配置、功能性质等多个方面的要素，得出初步的定位结论。

（1）宏观环境分析

任何建设项目都时刻受到所处宏观环境的影响，相关的影响因素包括宏观政策与制度，如土地出让制度、规划建设审批制度以及其他如经济周期、产业相关政策和内容；所处区位，包括城市区位、交通条件、环境资源、城市风貌、城市基础设施等方面；已有的城市战略规划、发展战略、总体规划；城市经济、人口、社会、历史文化、法规、科技状况等要素。在进行宏观环境分析时需要视实际情况决定选取哪些要素进行分析，有利于在策划中形成具有前瞻性和全局观念的结论。

（2）产业环境分析

一个城市的发展主要靠经济发展，而经济的发展主要依赖于产业发展，因此在进行城市发展策划时需要特别分析城市的产业情况，包括经济指标、产业结构、三产比例、投资需求、对外贸易情况、发展趋势、消费需求、生产供应情况，并对一些意向发展或者城市的重要主导产业进行专项分析，确定其特点、规模、容量与份额、投资与运营、标杆地区与龙头企业案例、功能及形态要求等涉及物质性空间营造的元素（表2-5）。

某城市的"健康城市"策划针对大健康产业细分领域发展现状与趋势分析　　　　　表2-5

	研发孵化	科技制造	健康医疗服务	健康生活
构建成功要素	高校科研力量与资本投入	成本与生产技术	专业服务人才；接近消费市场	生态环境好；完善社区配套
中国健康产业市场现状	近年来高速发展；围绕全国领先的高校资源，形成大量研发孵化园	发展时间最长的领域；已形成大量生产基地与园区	长期高度行政管制，服务单一；大量专业化、细分领域市场供应空白	城市化快速发展阶段，对健康生活需求尚处于萌芽阶段
发展空间	对高端技术研究人员依赖性高；不具备广泛复制的条件，将形成全国几大高地	传统基地的生产技术优势、配套产业链条完善，优势明显；其他地区竞争难度较高	健康消费意识增强；国家制度改革推动；大量企业探索服务环节的业务模式；技术引进与研发、人才培养快速增长	进入新型城镇化阶段，对生态环境、生活质量要求提高；各类健康的生活行业将有大量机会

（3）微观环境分析

总体环境分析及产业环境分析都属于策划的宏观背景分析，揭示了项目的外部环境的基本状况，此外还需要对策划对象的内部情况及竞争对手进行分析，对比各自的内在运行，其目的在于"知己知彼，百战不殆"，对竞争城市和项目进行充分的认知，寻找自身的优势，合理利用"差异化""规模集聚"或"缝隙市场"等市场和经济策略，强化自身优势，突出项目特点，这样不但可以对项目进行合理的定位，而且可以避免重复建设与恶性竞争，大大增强策划的可行性。

分析的方法针对空间、产业或市场竞争性，可以主要分为以下几种（表2-6）：

空间、产业及市场分析方法分类表　　　　　表2-6

分析项目	方法分类	具体分析方法
空间规划分析方法	定性分析	• 因果分析法 • 比较法
	定量分析	• 频数和频率分析 • 一元线性回归分析 • 多元回归分析 • 线性规划分析 • 图论与网络分析 • 系统评价法 • 模糊评价法 • 层次分析法

续表

分析项目	方法分类	具体分析方法	
空间规划分析方法	空间模型分析	实体模型分析	
		概念模型分析	• 几何图形法 • 等值线法 • 方格网法 • 图表法
		数字模型分析	• CIM、BIM、效果图、VR 等
经济分析方法	定性分析	• 归纳分析法 • 演绎分析法 • 比较分析法 • 结构分析法	
	定量分析	• 多元统计方法 • 最优化方法 • 微分方程或差分方程法 • 模糊数学方法	
市场竞争分析方法		• SWOT 分析法 • PEST 分析法 • 五力模式分析法	

2.7.4 城市发展策划——实施

（1）制定实施策略和机制

根据对策划对象所起的不同作用，可以将策划分为三个阶段：前期策划、中期策划和后续策划。前期策划是在城市发展及重大项目决策之前对城市经济、社会发展情况进行详细的研究，通过多种形式集思广益，为相应的空间规划编制奠定基础，是用于城市发展决策的策划。中期策划和后续策划是用于实施的策划，中期策划是指规划编制过程中，针对规划实施的主要内容进行研究，提出可行性强而且具有操作性的建议。后续策划是指战略规划完成后，建立非法定规划到法定规划的成果转化机制，通过其他配套规划、政策和机制，落实行动计划，明确实施主体，推动规划实施。

（2）修正目标体系

经过分析之后，需要进行目标体系的协调工作，在策划开始前进行的目标体系构建工作主要用来协调相关参与方的利益与诉求，对于实施因素考虑较少，而在经过调研和分析之后，需要将分析结果与初始的目标体系进行验证比对并进行调整，形成修正后的目标体系。

（3）确定发展定位及产业配置

确定最终的目标体系之后，需要根据其具体内容，与城市的外部环境相互印证，确定最终的发展定位，并据此进行产业业态的配置。这一定位过程侧重于控制项目整体结果的框架，避免在确定项目类型和功能方向上出现较大失误，对于项目具体内容的定位不做过多考虑。

策划定位的步骤、内容及相关方法见图2-7示例。

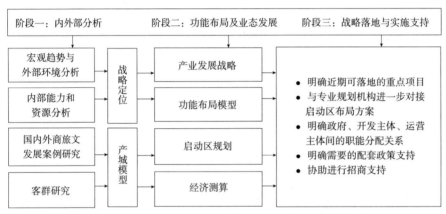

图2-7　某城市片区发展项目的定位步骤、内容及相关方法示例

（4）确定规模和功能配比

在确定战略定位、产业类别及基本功能后，需要结合相关国家政策、标准规范，分析发展项目最终的业态和功能配比，确定其规模、形态意象、容积率、经营状况、主要客源等要素。

（5）确定形态意象

传统的规划设计结果是静态的，缺乏前后连贯逻辑性，仅仅源于对于空间的想象与设计，对于社会、经济等非形态方面的缺少关注，因此有必要在城市发展策划的过程中加入业态的形态意象指导，结合策划的分析结果，对于项目最后的交通路网、用地布局、建筑风格、色彩、高度、城市意象要素等相关指标提出指导性的意见，并形成图纸文件，用于指导后续的规划与设计。

（6）投融资策划及财务分析

城市发展是个长期的过程，开发建设过程及开发周期较长、需要的资金量巨大。对于城市决策者来说，项目融资是城市发展策划中必须思考的问题，也是项目实施中必须着力解决的前提条件，需要仔细考虑，为项目实施提供资金保障，与此同时还要进行项目财务分析，结合成本，按需融资，并对于可能的收益进行测算。不论是政府等公共机构，还是追求利益的开发商，都不可能也没有必要独自提供所有的资金，对于一个大规模的建设项目来说，融资渠道应该尽可能多样化，摊薄风险，主要渠道包括政府提供部分自有资金、银行贷款、开发权利转让、国际融资、面向社会融资等措施。

解决了融资渠道之后，还需要考虑进行相关财务分析（主要是成本—收益分析），进行经济和社会效应测算和评估，了解项目可能产生的支出和收益，并与融资计划一起，为项目发展策划的财务部分提供参考依据。

在进行财务成本测算时，需要根据项目实际情况进行测算。目前国内大规模城市区域建设的成本主要分为一二级开发两个层面，其中一级开发主要由政府主导，二级开发由开发商独自进行或者与政府联合开发，由于城市发展策划的内容主要由政府完成，因此主要考虑一级开发成本各项目明细，二级开发成本主要参考建成年代较近的同类建筑成本确定。一级开发主要涉及以下五个方面：

①征地成本

征地成本主要是指待开发区域中土地转化为可建设用地的成本，主要包括征用农业用地补偿成本以及旧城土地征用成本两类，在个别临海城市还包括填海改造土地的成本。

②拆迁安置补偿成本

在征地过程中需要对于原有地上附着物所有人进行补偿，并对意向开发区域原有居民进行妥善安置，由此产生了该项成本。

③市政基础公用设施成本

对于待开发城市区域来说，需要提供良好的公共基础设施条件才能满足未来开发建设的需求，因此在策划工作中需要对于这一部分的成本予以考虑，主要由能源、给水排水、交通、通信、环保、防护设施等部分组成。

④重点政府配套项目建设成本

新开发区域本身并不具备足够的吸引力，因此需要政府在先期对某些重点项目（如博物馆、大剧院、优质医院、学校等重大公共建筑）予以投资，为后续的开发奠定基础，这一部分的投资也将列入前期的成本测算中。

⑤其他相关费用

这一部分的费用主要包括在开发过程中产生的各项办公、管理、人工以及因开发时间较长导致的财务支出（如贷款利息）等成本。

运用"成本—收益分析法"时还要考虑整个开发过程中的收益，对整个开发过程中的收益进行测算，通过成本和收益的综合分析，得出整个项目在财务方面的可能性，在一级开发中，收益主要来自于土地流转所产生的收益，根据开发模式的不同，所得收益也不尽相同（表2-7、表2-8）。

（7）明确城市发展项目的组织架构

城市的建设是长期而又复杂的，因而需要构建发展项目的组织开发模式、顺序和时间，最大化地提高效率并降低成本，并对建设过程和建成后的运营管理工作有所安排，保证整个开发建设和运营过程能够高效有序进行。

在项目正式确立后，就需要建设专门的开发建设领导机构对其进行管理和控制。城市建设发展具有高度的灵活性，因此这个机构的成员构成也需要因地制宜，主要包括常设建设管理部门成员和部分临时参与项目的成员，组建时需要考虑项目自身所具有的性质以及城市长期发展的需要。在实际建设管理机构时可以考虑由城市领导者牵头，选取相关人员组建，将策划与各项规划、设计相结合，建立一体化的城市管理运营模式（图2-8），在整个一体化策划过程中集中进行各项相关决策。

1）选择合适的开发模式

目前国内的城市项目建设一般有三种形式，分别为政府主导型、企业主导型和政企合作型三种方式，对应不同性质的开发项目。对于城市区域开发来说，由于覆盖面积广、投资规模大，单独由政府或者一家企业来进行开发某光电产业园策划的成本分析表（单位：万元）   表2-7

	净现值	分期票面值	1 2011/08	2 2012/07	3 2013/07	4 2014/07	5 2015/07	6 2016/07	7 2017/07	8 2018/07	9 2019/07	10 2020/07
一、土地成本	79774.3	92500.0	18500	18500	18500	18500	18500					
二、建造成本	21074.1	100%	20%	25%	25%	20%	10%					
标准厂房	21074.1	24000.0	4800	6000	6000	4800	2400					
工商及生活服务区	71344.4	81250.0	16250	20312	20312	16250	8125					
服务及管理中心	13171.3	15000.0	3000	3750	3750	3000	1500					
医疗卫生	14049.4	16000.0	3200	4000	4000	3200	1600					
学校用地	7244.2	8250.0	1650	2062	2062	1650	825					
文化用地	1975.7	2250.0	450	562	562	450	225					
体育用地	7024.7	8000.0	1600	2000	2000	1600	800					
宿舍	70246.8	80000.0	16000	20000	20000	16000	8000					
公园	6322.2	7200.0	1440	1800	1800	1440	720					
集中绿地	12176.1	13866.7	2773	3467	3467	2773	1387					
市政环保设施	4390.4	5000.0	1000	1250	1250	1000	500					
停车场	585.4	666.7	133	167	167	133	67					
道路	5268.5	6000.0	1200	1500	1500	1200	600					
水面用地	5853.9	6666.7	1333	1667	1667	1333	667					
总计	240727.1	274150.0	54830	68537	68537	54830	27415					
三、专业费用	24072.7	27415	5483	6854	6854	5483	2741					
四、不可预见费	12036.4	13707.5	2741	3427	3427	2741	1371					
五、招商成本	9668.5	11198.7	300	300	2100	3600	7800	7600	7600	7600	7600	7300

043

续表

	净现值	分期										
		票面值	1	2	3	4	5	6	7	8	9	10
			2011/08	2012/07	2013/07	2014/07	2015/07	2016/07	2017/07	2018/07	2019/07	2020/07
六、设备补贴等	209739.4	220000	100000	100000	20000							
七、支出总计	576018.4	638971.1	181854	197618	119418	85154	57827	7600	7600	7600	7600	7300

某光电产业园策划的产出分析表（单位：万元）

表2-8

	净现值	分期										
		票面值	1	2	3	4	5	6	7	8	9	10
			2011/08	2012/07	2013/07	2014/07	2015/07	2016/07	2017/07	2018/07	2019/07	2020/07
八、总收入	1648670.1	2590000	0	15000	105000	180000	390000	380000	380000	380000	380000	380000
项目产值	12231874.4	19500000	0	0	500000	1000000	3000000	3000000	3000000	3000000	3000000	3000000
项目县财政利税	1467824.9	2340000	0	0	60000	120000	360000	360000	360000	360000	360000	360000
经营性土地收入	122150	150000		15000	45000	60000	30000					
服务性税收	58695.2	100000						20000	20000	20000	20000	20000
九、税前净现金流量	1072651.7	1951028.9	-181854.5	-182618.1	-14418.1	94845.5	332172.8	372400	372400	372400	372400	372700
十、营业税	82433.5	129500	0	750	5250	9000	19500	19000	19000	19000	19000	19000
十一、总利润	990218.2	1821528.9	-181854.5	-183368.1	-19668.1	85845.5	312672.8	353400	353400	353400	353400	353700
十二、所得税	98330.3	131511	0	0	0	28329	103182	116622	116622	116622	116622	116721
十三、净利润	-168861.6	1690017.8	-181854.5	-183368.1	-19668.1	57516.5	209490.7	236778	236778	236778	236778	236979
十四、净利润累计	435582.9	-117883.5	-181854.5	-365222.6	-384890.7	-327374.2	-117883.5	118894.5	355672.5	592450.5	829228.5	1066207.5
十五、利税合计	1049196.9	1951028.9	-181854.5	-182618.1	-14418.1	94845.5	332172.8	372400	372400	372400	372400	372700
十六、利税累计	2218040	48127.5	-181854.5	-364472.6	-378890.7	-284045.2	48127.5	420527.5	792927.5	1165327.5	1537727.5	1910427.5

2 城市发展策划理论和方法

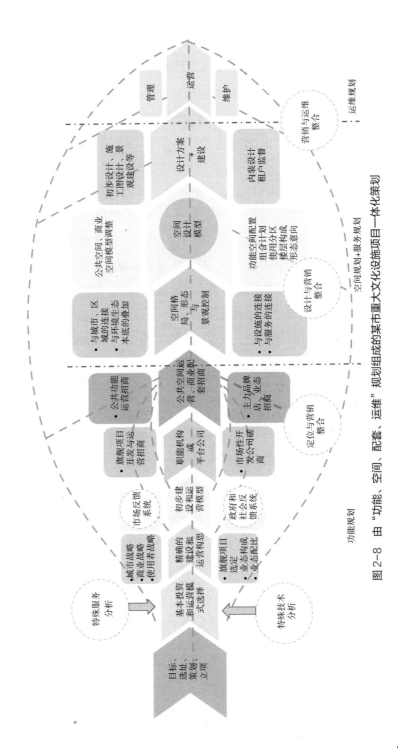

图 2-8 由"功能、空间、配套、运维"规划组成的某市重大文化设施项目一体化策划

045

都缺乏相应的实力，因此国内应对此种类型的开发基本选择政府与企业合作的方式进行。另一方面，当前公众参与城市建设的呼声越来越强烈，已经成为当代城市建设不可或缺的组成部分。通过公众参与对前期的策划提供意见，并对建设过程进行监督，将能一定程度上降低成本、提高效率、保证开发质量。因此建议城市的关键性建设项目采用"政府—企业—社会"三方参与开发模式进行，并在过程中根据不同的开发性质选取不同的合作企业，这些企业可能是开发商，也可能是基金，以有利于项目进展为遴选原则。

2）制定恰当的开发时序

城市区域建设所涉及的建筑单体和群体非常多，本着资源利用效率最大化的原则，必须制定恰当的开发时序，以最小的成本获取最大的成效。制定开发时序时需要综合考虑多方利益，选择具有较大影响力，最能带动区域发展的项目作为启动项目，充分遵循土地效益利用最大化的原则，在建设过程中不断调整，充分考虑资金的时间价值，以达到尽量减小投入，提高效率的目标。

（8）建构标准化的技术要求

1）规范成果文件表达内容

由于城市发展策划的目标是对城市区域设计和建设的过程进行全程引导与控制，因此必须包括整体目标构建、项目策划定位以及具体实施办法三部分内容。目标体系重在体现对于多方利益的平衡，是多方交流之后所达成的共识，因此其结果应该易于理解，并包括相关利益方关注的核心问题（如重点项目的功能、可能的空间选址、开发范围、面积等成果）。项目的策划定位是对于区域内具体项目建设类型的描述，是为相关利益方提供未来建设具象预期的参考，最终的项目策划成果表述应当明确，具有直观性，同时还需要说明项目的意义和相关参数指标。在行动计划部分应该包含开发时序、操作步骤、建议实施办法等相关内容。

策划成果除了需要必须的内容之外，还需要对每一个项目进行分析，得出项目特性，并根据实际情况确定内容表达的最终形式。

2）注重与其他相关规划文件的融合性

城市发展策划的最终成果是用来进行导向与控制的，因此必须考虑与相关的规划设计文件的融合性，否则会成为无依无靠的空中楼阁，在成果的表达上需要参考普通设计文件重点关注的要素，对相关要素进行明确，考虑与后续规划工作的融合。

（9）配合制定扶持政策和相关法规

城市发展建设过程中往往会受到来自各个方面的各种因素影响，充满了不确定性，因此需要制定一些有利于项目进行的地方政策予以支持，除此之外，还需要在法规制度层面帮助策划成果进行实施，如必要的一些行政授权、执行标准等。这方面可以参考美国的做法，通过区划法与城市设计导则两项法规对开发过程中的资本运行以及项目规划设计实施予以支持，并且加入了详细而有针对性的控制条文，如奖励分区、计划单元整体开发、奖励资金、根据情况转移开发权等手段和措施，在美国的城市建设过程中起到了重要作用。这些相关法规工具不仅有效帮助实现城市设计目标，同时还满足了社会与民众等多方面对于建设控制的需求，对于城市发展策划以及后续的行动计划具有很强的借鉴意义。

（10）加强公众参与

在西方国家，传统的城市建设模式基本上都属于政府与开发商两者专属的"二人转"，关注重点是此两者的利益分配，公众利益基本被无视，另一方面，开发商在与政府的博弈过程中也处于弱势地位，容易失去对项目的控制能力，整个项目的结果容易受到干扰。为了解决这一痼疾引入了公众参与制度，强调公众的监督作用，以避免项目建设成为少数人牟利的工具。同样的参与机制也应该引入到现在的城市发展过程中，通过诸如政务公开、公众投票、直接调研、开设热线咨询、市民寻访等方式，适用于不同的阶段或者不同的情况❶（表2-8），主要可分为三个部分执行：一是项目初始公众应具有知情权，了解项目的基本信息；二是决策过程中应具有参与权，在决策中体现公众应有的公共利益；三是实施过程中的监督权，保证项目按照既定计划实施。

---

❶ 李肖肖. 城市策划体系及其制度建议 [D]. 北京：清华大学. 2009.

公众参与决策的方式[1]　　　　　　　　　　　　　　　　　　　　　　　　　　　　　　表2-8

公众参与方式	特点
公开展示、宣传手册	基础级别的公众参与方式，公众的形式性参与，基本保证公众的知情权，但没有真正将公众意见纳入策划。在宣传教育上有深远意义，通过宣传、教育和鼓励，调动公众参与的积极性，指导公众正确、专业的参与意见，是公众参与的基础方式
调研问卷、电话访谈、公众投票	级别提高的公众参与方式，能够收集公众的意见和建议，并纳入实施，在公众意见、专家评审和官方决策中寻找平衡，避免矛盾与冲突导致的公众意见被遗弃
听证会、座谈会	更高层次的公众参与模式，建立了双向沟通机制，公众意见能够得到及时反馈，避免了决策后向公众公示的形式主义流程，使决策过程更具科学性、民主性，规范公众参与的形式，强化民主程序
决策团队中的公众代表	达到较高层次的公众实质性参与，在策划团队的决策机构及各方利益集团中为普通民众预留席位，公众代表能够直接参与决策表决及票选等环节，保证公众的声音能够被真正地听取与采纳，在决策成果中保证公众的真实利益。关键问题在于直接参与者的身份的确定，参与者的积极性、代表力与专业性，是否会被操控等方面

2.7.5　城市发展策划——评价

城市发展策划的最终成果是一套控制管理体系，而这套体系的最终运转成果就是项目的建成，对于各相关利益方来说，最关注的就是项目建成后产生的效应，这些效应有可能是正面的，也有可能是负面的，因此需要在项目建成后进行评价和回顾，而最终的结果将为日后城市管理者进行类似开发活动的重要依据，也是企业及公众日后参与开发活动的重要参考。

策划的评价主要从如下几个方面进行：

（1）项目前期的决策和博弈过程评估

通过与实际状况进行比对，对前期决策和博弈过程中的问题进行检讨，对于最初的目标体系构建过程中的一些问题进行评估和总结，例如利益分配、开发权属、组织架构等方面的内容。

（2）规划设计方案的优劣

通过项目实施后，对规划和设计方案进行评估，针对专业技术范畴的形态、空间、色彩、交通可达性、可识别性等参数进行分析，得出最终的评价结论。

---

[1] 李肖肖. 城市策划体系及其制度建议 [D]. 北京：清华大学. 2009.

（3）项目进行过程中各方协调情况

在策划进行过程中需要多次与相关利益方进行协调工作，对于策划工作人员来说是个巨大的考验，在项目过程中需要对每次的协调过程进行分析和总结，对项目协调的重点问题有所把握。

（4）施工过程的管理

大型城市建设项目的施工过程极其复杂，常常会出现一些意料之外的问题，因此需要对于其过程进行评价分析，掌握关键环节的处理措施，避免在日后的过程中再犯。需要注意的是，施工过程本身出现的技术性问题不在评价范围之内，一般由施工单位自行进行处理，策划的评价部分内容仅负责施工流程中出现的一些管理与协调机制方面出现的问题。

（5）项目建成后的运营状况及分析

与施工过程管理评价部分一样，项目运营状况的评价部分不涉及具体的操作问题，而仅仅与目标体系的愿景部分进行对比并找出管理和操作上产生差异的原因，并对其进行分析并得出结论，以作为日后类似项目的参考经验。

3 认识城市,从城市战略诊断开始

3.1 核心概念

3.1.1 诊断

"诊断"的辞典释义为"诊视病人而判断其病症"❶,在英语中为 diagnose 或者 diagnosis,它原为医学上的概念,即医生为断定病症而察看病人身体内部外部的情况,根据症状确定病症及发病原因,是治疗、预后、预防的前提。我们可以通过比较"诊断"同"调查""检查""咨询"等词的区别,来认识"诊断"的含义。"调查"(survey)是通过一种或多种手段,来了解或熟悉对象,即对实情的认识;"检查"(check)是为了发现问题或者缺陷而用心查看,较常用于小规模的事物,它是在首先认识实情的基础上然后进行评价;而"诊断"则是在认识实情和评价实情的基础上,进一步提出改善意见和指导实施。三者的共同点是要求掌握实情,所不同的或者说有本质区别的是在把握实情的基础上,更深入地探究,一级比一级高。

"诊断"与"咨询"也有异同。从两者的词义来看,"诊断"侧重微观的具体操作,"咨询"则侧重宏观的总体指导。"诊断"偏重从人的角度观察和分析,针对性较强且由问题导向提出方案策略;"咨询"则更包罗万象,任何方面、任何问题都可以进行咨询活动。但从应用的实际作用来看,目前在企业经营管理领域,两者都涉及企业管理的评价和决策,从而又有很

---

❶ 夏征农,等.辞海[M].缩印本.上海:上海辞书出版社.2010.

多相同的部分。

3.1.2 医学诊断

在汉语中，诊断广泛应用于医学领域。医学诊断分为两个阶段：（1）诊视病人而判断其病症；（2）对病症经诊视后作出结论。医学诊断大致可分为三个步骤：①收集资料。通过询问就诊者的主观感受症状采集病史资料。另外，体征、体格检查、实验检查等资料均对诊断有一定的帮助。②评价资料。对收集的资料，首先要估计它的真实性和准确性，然后一一辨别它反映的是正常还是异常。若属异常，再进一步评价它的诊断价值。③分析推理判断。即在评价资料的基础上进行综合、分析、联想、推理，然后做出诊断。

医学诊断在形式上又分为中医诊断和西医诊断，二者在诊断原理和方法、诊断程序、诊断侧重点等方面都有所不同。

3.1.3 企业诊断

企业诊断是研究企业发展规律及问题的一门科学，具体来说，是指由具有丰富经营管理知识和经验的专家，深入企业现场与企业管理人员密切配合，运用科学的定性和定量方法，找出企业经营管理中潜在的和已存在的问题，查明导致问题的原因，为企业改善经营、坚实发展提供依据的服务活动❶。企业诊断的目的是提高被诊企业经营管理水平，谋求企业坚实发展❷。

在当今社会，企业诊断作为企业管理的一部分，是保证和提高企业管理水平的引申和对企业经营弊病的深层探索。与其他学科一样，它的发展历程从本质论研究开始，接着向方法论发展，然后再根据方法论建立其特有的科学体系和基本内容，当框架确定之后，再不断充实其内容，已成为许多企业谋取生存发展的有力工具。

---

❶ 马宛中.现代商业企业诊断[M].北京：中国国际广播出版社.1996.
❷ 时保棠.企业诊断学基础[M].西安：陕西人民出版社.1997.

3.2 诊断方法在城市的应用

目前我国还未有以诊断为名开展的城市研究活动，相类似的"规划回顾""规划实施评价"活动也并不多见。而在国外，诊断的概念已被应用于环境规划和人居规划中，另外，相关的活动"已从一种单纯的技术手段演化为规划实施的重要保障机制和城市规划链条中的重要环节"❶。

3.2.1 诊断方法在国外城市的应用和相关实践活动

（1）日本：环境诊断

针对 1990 年代日本因经济高速增长所带来的人口过密、地价昂贵、市区交通压力大、环境恶化、大气和水质污染等一系列问题，日本田边市政府于 1987 年开始，共花了 12 年时间对城市环境进行诊断。其中包括：农地利用诊断、林地利用诊断、土地保全诊断、都市土地利用诊断和生活环境诊断等❷。这是都市空间尺度的环境诊断，另外，以提升社区品质为目的的社区诊断，以及以创造更高标准企业建筑的建筑空间诊断都在日本得到应用和发展。

相较环境评估止于受评者性能表现的叙述，环境诊断的特色在于，有明确的执行模式，并进一步提出改善对策与方案。环境诊断的目的在于协助拟定相应尺度的环境规划、再发展策略，以达到都市永续发展的目标。

（2）道萨迪亚斯（Doxiadis Ekistics）：聚居病理学

道萨迪亚斯（1913~1975）是希腊著名的建筑师和城镇规划师，是"人类聚居学"的创立者，也是宜居城市思想的启蒙者。我国著名的建筑及城市规划学者——吴良镛院士的"人居环境科学"，正是借鉴了道氏的"人类聚居学"而形成的。在他的著作《人类聚居学导论》（*Ekistics*: *An Introduction to the Science of Human Settlement*）中提到，人类聚居中存在问题，可以被看作是一种病状，聚居疾病的原因主要有四个：老化、异常的生长、功能和准

---

❶ 刘克林. 试论中西医双重诊断的必要性 [J]. 四川中医. 2007（9）：11–12.
❷ 杨谦柔，张世典. 可持续都市住区环境诊断模式之研究 [J]. 城市发展研究. 2008（6）：43–48.

则的变化与人们错误的行动，并着重分析和阐述了这四个因素怎样导致城市产生疾病。道氏指出，"聚居病理学必须研究聚居的疾病，研究由这些疾病引起的功能和结构变化，研究构成疾病主要特征的生理和解剖上的异常现象，最后，还要研究产生聚居的疾病或异常变化的原因"❶。

另外，道氏认为，一般的聚居诊断过程，应从"诊断的前提、假设和确认"开始，后续才开始一连串的处境、问题、病情等的辨识、资料或事实的收集、最后诊断的确认等程序，而且，诊断应是一个动态循环的过程。

（3）英美：实施规划过程中的监管与评价

美国的《新泽西州发展与重建规划》❷提出"最终规划应包括适当的监管变量，并规定经济环境、基础设施、公众生活以及政府间协调方面的规划目标。在最终规划通过后，这些变量和目标在执行中加以评价。"另外还规定了"在实施规划执行中监管或评价计划过程中，如果目标没有实现，州规划委员会应评估这种情况发生的原因，并确定是否应改变规划目标"。

英国在RPGs体系（Regional Planning Guidance Notes，《区域规划指南》）中加入了监督与评价的环节。2002年由副首相办公室发布的《区域规划监督指南》中对规划评价的目标、程序和方法，及规划阶段实施目标和指标的选择都进行了全面的阐述。另外，《大伦敦规划》中有专门的章节规定规划监测和评价工作的主要内容，而且伦敦市长每年以年度规划监测报告（London Plan Annual Monitoring Report）的形式向公众公布规划监测和评价的情况❸。

3.2.2 诊断方法在国内城市的应用和相关实践活动

2007年，笔者接受晋江市规划局委托，主持开展了"福建省晋江市城市建设战略诊断研究"，对晋江城市建设进行总体性的诊断，运用医学诊断的思维逻辑，对城市的商业、居住、工业、休闲娱乐和基础设施五大功能的现

---

❶ Doxiadis Ekistics. An Introduction to the Science of Human Settlement, Athens: Athens Publishing Center, 1968.
❷ State of New Jersey. NEW JERSEY STATE DEVELOPMENT AND REDEVELOPMENT PLAN.
❸ 吕晓蓓，伍炜. 城市规划实施评价机制初探[J]. 城市规划, 2006（11）: 41-45.

状问题进行调查分析，从较为深入的角度提出问题的症结和方案策略，受到城市领导和主管机构一致好评，这种对城市建设的分析和评价方法，在我国尚属于先例，也是首度使用"城市诊断"的提法。

2007 年，罗震东、张京祥在南京市规划局的大力支持下，从都市圈、市域、都市区、主城四个不同的空间层面，对南京市空间发展进行的全面回顾和检讨，并完成了"南京城市空间发展的战略检讨与建议"一文。

为深入贯彻习近平总书记关于城市体检工作重要指示精神，落实中央全面深化改革委员会关于建立城市体检评估机制的改革任务要求，为城市发展中各类"城市病"开出"良方"，2021 年，住房和城乡建设部和自然资源部分别推出了《城市体检指标体系》和《国土空间规划城市体检评估规程》，将对城市建设和规划工作进行回顾和检讨，进而根据检讨的结论对新环境下的城市空间发展提出策略建议。

另外，在分析方法上，企业管理中的一些常用分析方法，如 SWOT 分析法、情景分析法和竞争力分析法等，已被较为广泛地运用于城市发展研究中，得到了国内相关专家学者的肯定和认可。

3.3 何为城市诊断

改革开放以来，中国的城市大多经历了迅猛的空间扩张，但有许多空间发展是"经济缺少效率、环境不友好、社会非希望"[1]的模式，土地的有限性和非再生性决定了一旦城市空间发展失控，其损失是巨大而难以估量的。另外，当今城市经历着前所未有的激烈竞争环境，不确定、不可知的因素越来越多，城市的发展规律越来越难以捉摸。

习近平总书记曾指出，城市是生命体、有机体，这意味着我们要将城市视为生命系统，它是一个牵一发而动全身的整体系统，对城市问题的探究，要像敬畏生命一样加以把握。鲁迅先生在《集外集拾遗·中山先生逝世后一

---

[1] 丁成日，郭湘闽，等. 城市发展空间战略规划研究 [J]. 城市规划学刊. 2008（6）: 24–31.

周年》中曾写道："不能诊断，如何用药？"而在实际中，诊断方法已被广泛应用于其他许多专业领域，有的已经形成了完整的学科体系与方法。例如，将医学诊断中的基本逻辑思想和方法，推广到工程技术中，便形成工程诊断学；应用于企业经营状态识别判断，便形成企业诊断学等。将诊断方法的研究成果引入城市的发展研究领域，可以从一个崭新的视角重新审视城市发展过程中出现的种种问题，并寻找解决问题的方法与途径。城市特性与人和企业对照如表3-1所示：

人、企业、城市特性对照表   表3-1

对比项目	人	企业	城市
核心目标	健康为中心	利润为中心	发展为中心
发展资源	知识、技能、人脉	资金、人力、知识产权	经济、文化、科技创新能力
主要关注点	心情、营养、锻炼	收益、竞争、风险	产业、人才、环境
战略途径	老伴、老友、老窝、老本	产权、债券、政企关系、管理、创新等	定位、结构、资源、学习等
目标体系	心、肝、脾、肺、肾、神经系统、循环系统等	收益性、安全性、成长性、流动性、生产性	可持续性、开放性、宜居性、高效性、人文性

3.3.1 城市诊断的意义

目前在规划建筑类专著、期刊中，偶尔会出现"诊断"二字，但只应用了诊断最浅层次的含义，即调查分析，而没有像商业管理、医学专业那样，将诊断的含义进行扩充和丰富，形成了一门体系完整的学科。基于此，可以从医学诊断学和企业诊断学的研究成果中汲取养分，以增强城市的发展能力为初衷，针对城市发展的动态过程及其治理的薄弱环节，以城市发展涉及的主题为研究对象，研究分析城市发展的策略和目标选择。

3.3.2 城市诊断的对象

借鉴目前已发展成熟的企业战略诊断的思想，如果要对城市进行诊断，应从上至下做起，从产业发展、环境建设、设施配套、财政状况、社会问题、地方文化等方面摸清家底，从区域发展环境的分析中把握竞争的态势，以达到统筹全局的效果。对于城市的发展规划体系而言，最上层的就是城市发展战略规划，针对的对象包括产业、空间、基础设施、文化、科技等。

3.4 城市规划诊断的提出

城市空间是城市决策者能够管控和调用的最大资源。每一位新晋的城市决策者都应该首先选取城市空间发展作为城市诊断的对象，尽快摸清城市空间家底，找准空间发展的方向，通过对空间和用地的优化配置来推进优化人居环境，为关键性的产业与设施发展提供支撑，这一策略已被证实为提升城市竞争力的有效路径。

同时，争先恐后的城市竞争已经成为我国发展中的常态。这意味着城市和企业一样，在未来某一刻将面临"战略转折点"。因此，城市是否能够持续发展壮大，很大程度上取决于它发现变化、适应变化和超越变化的能力。这就要求城市规划必须更复杂、更成熟，不但要身姿灵活，以回应现实的种种变化和问题，还要从根本上捍卫理性规划的最核心价值。

将诊断方法引入城市发展分析，以空间为基础，系统地整合上述要素，贯彻于规划的分析、编制、实施全过程，建构完整的规划体系，是当前迫切需要完成的任务，也是沟通静态规划与动态城市发展的尝试。如同定期对人体进行体检的机制，"有病治病，无病强身"，能够提高城市决策者对城市问题的认知，及早发现和治疗"城市病"。它在医学、企业管理等多个领域的成功运用，证明其在解决现有城市发展问题和未来可能出现问题方面的作用。

3.4.1 城市规划诊断的定义

城市规划的期限较长，如果按总体规划的标准计算，远期规划可达到20年。在这段不短的时间内，规划师对城市发展进行的预测难免与城市实际发展产生偏差，而且往往这种变化呈现出缓慢而渐变的过程，不易察觉，一旦错过了"战略转折点",接踵而来的"十倍速变化"将会使城市在短时间内陷入困局❶。诊断工作就像是对城市的"健康检查",主动、积极地发现问题和采取应对措施,起到"早发现、早治疗"的作用。

外部条件的重大变化,则是所有城市必须面对的挑战和机遇,及时且高效地采取应对措施、调整规划,对不可预测的突变作出反应,是诊断工作的另一大用武之地。

因此可以对城市规划诊断定义如下:在城市规划实施的整个过程中,对城市的发展变化信息进行跟踪和收集,借助咨询机构(主要是国内外知名的咨询机构、高等院校的专家学者、国内权威的设计研究院等),系统评价城市发展的现状特征,以及所有对城市发展有重大影响的外部条件(国家政策干预、区域性发展问题、来自其他城市的竞合态势等),对现行城市发展和规划实施情况进行回顾和检讨,对突出问题进行重点研究,并提出改善建议,使规划能够更灵活、更有效地指导城市发展。

3.4.2 城市规划诊断的特性

有别于一般意义的"调查分析",城市规划诊断可以是定期对城市预防性的检查(如"体检"),也可以是发现问题后有针对性的检查;而"调查分析"一般仅是在进行某个规划时做的前期准备,对于城市问题的反应呈现被动且关注点不全面的特点。因此,"调查分析"只是"诊断"的一个步骤。

"诊断"与"规划"也有所区别。"'规划'这个概念总是意味着有目的地干预,而目的的设定又总是存在着某种价值取向。"也就是说,"规划"实际上是根据人的意志而由人创造出来的,这本身就决定了规划在价值观和时空上的局限性。同时,"规划"告诉人们的是未来"应该怎样",这本身就带有预测的性质,难免与实际发展有所差异。"诊断"的出现不是对城市进行重复地"再规划",而是发现现行规划实施过程中暴露出的问题,即从现实中找问题,再回到现实中,通过策略建议进行及时调整。

---

❶ 资源型城市发展中都会面临资源枯竭的挑战,有的城市及时调整经济结构,通过转型发展度过难关,有些城市则错过战略转折点,陷入衰退的漩涡无法自拔。

"诊断"与一般规划的"成果评价"的区别在于,"诊断"是针对已付诸实施的规划在各个特定的实施阶段,所产生的实际效果进行评价和提出建议,充分考虑到了影响规划实施的各种不可预知的因素,也承认因此而产生的规划目标与策略的偏差。因此,简单地说,"诊断"包含了"过程评价"和"成果评价"。

3.4.3 城市规划诊断的步骤

作为一种规划实施管理手段,诊断工作贯穿于城市规划实施过程中,也为下一轮规划的编制作铺垫。在规划实施过程中的诊断工作的主要步骤为:

(1) 实时跟踪,完善病历(资料收集,摸清家底)

建立城市规划信息支持系统,对城市发展信息进行收集、处理和存储,形成针对性强、组织清晰、提取方便的城市"病历"。其中,利用当今已发展较为成熟的遥感影像、地理信息系统(GIS)、城市信息模型(CIM)等技术,结合动态模拟软件,能够较为准确地捕捉土地利用、城市空间变化过程。

(2) 选择指标,进行健康检查(明确标准,分析评价)

针对战略规划的不同侧重点,建立各阶段性实施效果评价体系和成果评价体系。在约定的时间,对战略规划的实施进行诊断,利用评价体系作总体评价,进而找出重点问题形成诊断课题,有针对性地进行深入的调查分析。

(3) 对症下药,提出治疗方案(提出建议,接受监督)

完成诊断报告并提出战略建议,进行公众咨询,接受公众对规划实施效果的监督和建议。

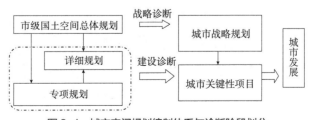

图 3-1 城市空间规划编制体系与诊断阶段划分

3.4.4 城市规划诊断的作用

诊断方法在城市规划领域的应用，应被视作为一种对规划的补充和调整。目前，从我国城市规划的工作方法和成果看来，规划仍难以摆脱终极蓝图式的困境，要真正做到对城市的发展进行完全地干预和控制几乎是无法实现的。究其原因，除了城市是太多因素纵横交错在一起形成的复杂、开放的巨系统外，生命体所具有的自组织、自适应特征，也决定了城市的发展就像人体的意识形成、细胞活动一样，难以完全准确地预测和控制。研究诊断方法就是为了缓解这种"失控"，在规划的实施过程中，对城市进行健康检查，发现并分析现存的问题，提出建议和改善策略。它的主要目的在于，使城市管理者在决策时能够注意到这些问题，及时地调整思路、控制局面，并且将之作为考虑要素纳入下一轮规划。

城市规划诊断的主要作用是：①防微杜渐，在规划实施期间对城市进行"健康体检"，确保城市健康发展；②疾病诊治，针对体检发现的问题对内提出改善对策，对外调整战略，为总体规划的修编或者下一轮规划提供依据；③加强战略规划的弹性和应变能力，使战略规划诊断成为城市的规划治理体系的组成部分；④改变领导者和决策者的思维定式，为城市建设提供宝贵建议，带领城市向着可持续的方向迈进。

3.4.5 城市规划诊断的研究对象

我国的城市规划编制体系分为总体规划和详细规划两大层次，从规划实施与动态管理的角度来看，每个规划类型都可以进行诊断工作。

其中，战略规划与其他规划不同，没有10年、20年等的规划期限，它是对城市发展的最佳模式、终极模式提出的大胆设想，为总体规划及下一层次的规划提供依据。因此，战略规划具有既相对稳定又需要与时俱进、随机应变的双重特性。诊断的意义恰恰体现了这一点，从城市决策者最关注的战略问题出发，进行城市诊断，并与城市空间规划体系结合，贯穿研究、编制、实施的全过程（图3-1）。

3.5 城市规划诊断的组织

3.5.1 诊断工作的角色

（1）组织者：城市政府、城市规划主管部门

（2）承担者：规划编制单位、独立执业咨询机构（产业、交通、生态、低碳等）

（3）参与者：规划编制单位、城市各相关部门、诊断机构、公众

3.5.2 诊断工作的类型

（1）按诊断的内容分，可分为综合诊断和专项诊断

综合诊断，是指对城市空间发展战略规划的所有内容进行全面的综合性调查分析，在此基础上找出城市运行过程中存在的问题或潜伏的危机，并按轻重缓急提出解决的措施和指导实施策略。专项诊断，是指针对城市的某一类问题或特定的对象进行诊断。

（2）按诊断的人员分，可分为内部诊断和外脑诊断

内部诊断，是城市内部的机构进行诊断。如城市的规划编制中心或者规划设计院等，可赋予其诊断工作其职能。外脑诊断，是指邀请国内外知名的咨询机构、高等院校的专家学者等进行诊断工作。往往城市在面临重要的"战略转折点"，或者重大机遇的关键时刻，会花费较大精力和财力借助外脑展开诊断工作。相较内部诊断，外脑诊断有以下两大优势：第一，观察和分析问题比较客观、公正。因为外聘的专家是"局外人"，所谓旁观者清，没有条条框框的牵绊，往往能发现本质性问题；第二，他们具有更丰富的经验和阅历，同类型的规划实践得较多，视野也更开阔，可以借鉴其他城市的先进经验。因此，本书重点讨论外脑诊断的方法。

（3）按诊断的动机分类，可分为自发性诊断和指令性诊断

自发性诊断，是指城市从自身发展需要出发，主动地要求进行诊断。自发性诊断可以是城市规划管理部门自身的诊断，但更多的是邀请外脑诊断。指令性诊断，是指城市规划管理部门要求其下属机构进行的制度性诊断，

也可称为被动性诊断。这类诊断可以是定期的，也可以是不定期的。指令性诊断实现了城市空间发展的动态管理，它是城市管理者对城市空间发展的实时监控，同时对城市的战略进行不断地检验，使城市能够持续保持健康的体魄。

3.6 城市规划诊断的主要程序

城市规划诊断工作贯穿于规划实施的全过程，与规划实施同步进行，是对城市空间进行跟踪、调查分析和解决问题的实施管理过程。它的基本工作可分为两大阶段：

（1）预备诊断阶段。预备诊断是整个诊断过程的起始，是正式诊断的准备阶段。主要工作为安排诊断计划、诊断准备、建立和运行规划信息监测系统。当诊断工作开始运行，整个工作过程呈循环螺旋上升的态势。

（2）正式诊断阶段。正式诊断是整个诊断工作的中心环节，主要包括资料收集与分析、实施评价、确定诊断课题、围绕课题分析、提出建议、编写诊断报告、公众参与、完成诊断报告等步骤。

诊断的基本程序如图 3-2 所示，具体安排如下：

3.6.1 制定阶段性规划目标

为了诊断工作能够正常纳入规划实施阶段，在规划编制的早期阶段，就应要求规划编制单位结合规划目标和策略，提出分阶段的规划实施目标，并给出相应的评价指标。评价指标的确定应根据城市发展规律和需要，并分析竞争城市的相关指标数据得到。对于正在执行的规划进行诊断的情况，应邀请原规划编制单位，按要求完成任务。

以下以城市空间发展战略规划诊断为例，战略规划的编制期限一般为 30 年甚至更长时间，以 3~5 年为周期对其进行诊断，要求规划编制单位能够计划出一条渐进的实施目标轴线，按照对城市发展规律的预测使城市能够在规划期末完成战略规划目标。

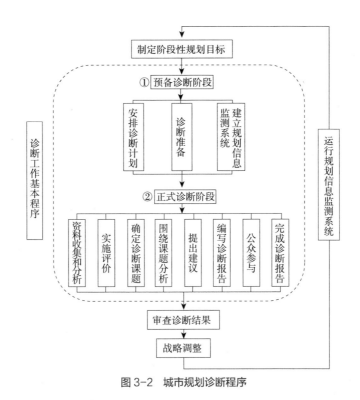

图 3-2 城市规划诊断程序

3.6.2 预备诊断阶段

（1）安排诊断计划

在诊断开始前，作为负责诊断工作的主要部门，城市规划管理部门应结合已完成的阶段性目标，拟定诊断计划和日程表。诊断计划必须包括：①诊断工作的日程与进度；②各部门的责任分工；③诊断的内容、要求和方法等。由于诊断是一项分阶段、时间跨度较长的工作，有计划地安排部署有利于掌握诊断工作的进程，同时，当发现实际工作与诊断计划步调不一致时，可根据情况适当改变计划，做到弹性管理。

（2）诊断准备

①思想准备

在正式诊断开始前，应宣传诊断工作的重要性和必要性，调动城市各部门的积极性。城市规划管理部门可以拟定详细的诊断运行计划和规章制度，传达诊断工作的目的、性质、范围、日程、人员构成等问题，使各部门行政人员能够任务明确，思想统一，在日常工作中注意信息资料的存档和共享，保持信息渠道畅通，以保证诊断工作的质量。

②组织准备

诊断的组织准备分两个方面，一是城市内部管理部门的任务分配，一是诊断机构的选择。

对于诊断机构的选择，一般应符合以下条件：①掌握城市战略诊断的有关知识和方法，了解诊断的正常工作程序；②具有城市规划、地理、经济、管理等领域的专业技术知识和管理理论；③具有较为丰富的城市战略规划和管理实践经验；④具有一定的规划设计或咨询资质；⑤富有责任感和职业道德等。由于诊断是一项持续的工作过程，是在较长的时间内，分阶段对城市进行把脉和治疗，因此不仅要求诊断机构具有很强的专业素养，也对职业精神提出很高的要求。

（3）建立和运行规划信息监测系统

目前我国的大、中城市已大部分完成了城市规划的信息系统建设，其管理单位为城市规划主管机构下属的城市规划信息中心（或编审中心），其主要职责为建设城市土地管理信息系统和信息库，对内、对外提供地理信息资料（表3-2）。从其掌握的相应信息及来源看，他们是最适合牵头进行执行城市空间诊断的机构。

国内部分城市的规划信息系统部门及其职责[1]　　　　　　　　　　　　　表3-2

城市	部门名称	主要职责（规划实施信息处理方面）
苏州	城市规划编制（信息）中心	①规划的实施、动态跟踪及调整工作； ②建立、维护和管理苏州市基础地理信息系统及相关工作
温州	城市规划信息中心	①城市规划成果、地下管网、市政公用设施信息化管理； ②建立和维护更新城市基础地理信息数据； ③开发、建设虚拟城市； ④对外提供城市规划及相关地理信息数据

---

[1] 本表由作者从各城市的规划网站获得的资料整理编制。

续表

城市	部门名称	主要职责（规划实施信息处理方面）
扬州	城市规划编制研究中心（地理信息中心）	①基础地理信息系统管理； ②对外提供城市规划及相关地理信息数据
武汉	城市规划信息中心	①建设与维护城市规划与土地管理信息系统； ②负责局业务档案的管理、整理、收集、保存； ③对外提供城市规划及相关地理信息数据
广州	城市规划自动化中心	①城市规划信息系统和规划管理办公自动化系统的研发； ②基础地理信息库的建立、规划成果的信息化建设； ③遥感技术及其在规划中的应用、地下管线信息系统的建立
三亚	城市规划信息中心	①收集整理城市基础地形数据、城市规划信息及城市基础设施信息； ②对外提供城市规划及相关地理信息数据
昆明	城市规划编制与信息中心	①搭建城市规划管理技术平台； ②及时对城市规划建设中出现的难点、热点问题进行研究，提出解决问题的策略和措施

诊断工作需要大量的城市基础信息，城市规划的基础资料几乎涵盖了城市的整个系统信息。由于诊断机构本身对城市情况并不熟悉，而且诊断工作的时间较短，如果仅仅依靠诊断机构对这些信息的整理和分析，可以说几乎是不可能完成的任务。因此，对信息的收集和预处理应纳入城市内部管理部门的日常工作中，安排相应的部门（如城市规划信息中心或城市规划编制中心等）或多个部门合作，建立持续的规划信息检测系统。只有这样，才能高效且动态地管理城市发展，也为诊断工作的开展打好基础。

一般而言，建议规划信息检测系统应具有以下职能：①收集反映规划实施影响的信息和数据；②识别规划实施环境的新变化和影响规划实施的新因素；③跟踪上层次规划和政策的变化情况；④检讨规划实施管理中各环节的工作情况；⑤收集公众及相关部门对有关规划执行情况和规划实施情况的申诉和建议等。

3.6.3 正式诊断阶段

（1）资料收集与分析

资料收集是正式诊断的第一步。诊断机构应列出需要的所有资料，在城市规划管理部门的协助下，要求城市各部门提供相应的城市信息基础资料。

1）基础资料收集

一般城市空间发展战略规划所需要的基础资料包括以下内容：①负责规划信息检测系统的部门所提供的相关信息和数据以及总结报告；②城市的区域环境和地位；③城市空间发展历程与背景；④城市经济与产业发展情况；⑤城市重大基础设施建设情况；⑥城市重点发展区域建设和发展情况；⑦城市生态保护与资源环境情况；⑧城市景观、交通与公共服务设施等。

2）调查分析方法

面对如此庞大的信息，如何能够拨开迷雾、抓住城市发展的根源性问题，历来是城市研究工作的一大难题。目前在战略规划层次运用得较多的是SWOT分析法和情景分析法，而介绍调查分析方法方面的专著并不多见，可以说在资料分析方法上，我国的相关研究成果较为贫乏。章俊华的《规划设计学中的调查分析法与实践》对实地调查分析提出了一些操作性较强的方法，如"重回归分析法""相关分析法""判别分析法""时系列分析法""因子分析法"等❶；吴志强在《沈阳发展战略规划研究》中提出了一些战略规划研究方法，偏向于对已有资料的整理和分析，如"问题存真法""目标去伪法""指导理论导入法""多场景方案决策法"等❷。

3）资料分析过程模拟

城市空间发展战略规划诊断中调查分析阶段工作可以进行如下模拟。

①开放分析

根据评价的层次顺序，对资料进行分类解读。这是一个将收集的资料打散，赋予概念，然后再以新的方式重新组合起来的操作化过程。这项工作的目的在于，对不同类目下，将存在的问题指向从模糊到清晰的处理。开始时对问题的指认可以比较宽泛，随着对资料的不断认识和积累，层层剥去表象因素，露出问题的实质。

---

❶ 章俊华. 规划设计学中的调查分析法与实践 [M]. 北京：中国建筑工业出版社. 2005.
❷ 吴志强，于泓，姜楠. 论城市发展战略规划研究的整体方法沈阳实例中的理性思维的导入 [J]. 城市规划. 2003（1）：38-42.

②关联分析

在得到了初步的问题群后,下一步是发现和建立各问题间的关联。这样做的目的在于剔除有因果关系、相似关系、过程关系、结构关系、常发或偶发等问题中的一部分。如它们之间是因果关系,则可以剔除"因"的部分(图3-3);有相似关系的问题则可以归并为一类;过程关系是指前一种问题是另一种问题可能经历的一个过程;结构关系是问题与问题之间本身存在一定的从属关系。这样经过几轮的分析后,还要分辨其中哪些是主要问题,哪些是相对次要的,列出相应的重要等级。这样,得到的问题组应该是较为深层次的,且相互之间的联系应该是功能性的。

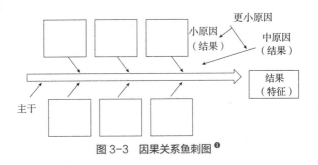

图3-3　因果关系鱼刺图 ❶

③核心分析

最后一步是在所有问题中经过系统分析后选择"核心问题",这也是分析工作的目的和结尾。扎根理论认为一般"核心问题"只有一个,但根据经验,在实际的城市发展过程中,主要问题往往不止一个。因此,这里认为"核心问题"应不多于三个。"核心问题"必须在与其他问题的比较中一再被证明具有统领性,能够将最大多数的问题囊括其中。就像是渔网的拉线,可以把所有其他问题一并整体拎起来,起到"提纲挈领"的作用。

"核心问题"应该具有以下特征:它必须在所有问题中占据中心位置,比其他问题都更加集中,与最大数量的问题之间存在意义关联,最有实力成为资料核心;"核心问题"必须频繁地出现在资料中,它应该是一个在资料中反

---

❶ 资料来源:马宛中.现代商业企业诊断.1996:28.

复出现，比较稳定的现象；"核心问题"应该很容易与其他问题构成关联，这些关联不应该是强迫的，应该是很快就可以建立起来的，而且相互之间的关联内容非常丰富。随着对"核心问题"不断地分析和解读，对其他子问题的认识也逐渐丰富起来。

（2）实施评价

在各规划实施阶段，进行规划实施评价是实现规划动态机制的一个重要环节，只有建立在科学的规划评估基础上，规划的滚动机制才有可能建立。

诊断机构应根据事先拟定的规划实施评价指标，进行实施前后的历史纵向比较，评价规划实施的效果，并且识别规划实施中存在的问题。其实，对于分析和评价，在实际工作中很难分得清哪个在前哪个在后，只能说得出评价结果和找出主要问题是目的，而分析和评价都是过程。实施评价的主要任务是：①评价目标和实施策略的合理性和适应性；②分析外部环境，判断需要纳入规划的新的环境要素；③检查规划实施各个环节中出现的问题，完善规划实施框架等。

（3）确定诊断课题

诊断不是对城市进行面面俱到的调查分析，撒网式的研究导致的结果往往是浅尝辄止、浮于表面。在进行综合性的实施评价后，诊断人员对城市规划实施的效果已有了大致的了解，接下来的主要工作就是抓住重点，结合规划目标，确定诊断的主要课题。在不同的发展时期，城市都经历着不同的成长阶段，加上外环境的变化影响，城市规划的侧重点本身就有很大的差异。如2003年《广州总体发展概念规划研究》的编制就是处于番禺和花都撤市改区的转折点，研究对象和发展目标重点并非从十几个专项规划展开，而是紧紧抓住城市空间发展的核心，即功能布局与土地利用、综合交通和生态环境。

（4）围绕课题深入分析

在经过了全局的初步调查和分析、挖掘重点问题的研究过程后，诊断单位可分成若干专题小组，对重点诊断课题进行深入分析。在这个过程中，研究工作主要分为两个阶段，第一阶段为剖析问题的阶段，对城市目标实施过程中出现的问题进行全面的了解和摸底。

第二阶段，对于专题调查中发现的重要问题，都要进行因果分析。城市发展过程中必然出现千变万化的问题，应仔细分析其产生的症结，分清主要原因和次要原因，理清其相互之间的关联，只有充分了解病因，才能有针对性地开出药方。比较分析是用城市的相关指标横向地与国内外其他先进城市进行比较，有利于预测城市的潜力和目标的可达性，为提出改善建议提供证据。

（5）提出建议

大量的分析和评价研究工作，归根到底是为了找出问题的主要症结，提出合理的改善建议，能够有效地解决或缓解问题。为了确保建议制定的准确有效，在研究时应注意以下问题：

1）制定建议的慎重性

在诊断过程中，要合理有效地利用时间，特别是要为改善方案的制定留有充分考虑时间，避免前松后紧，将过多时间花费在收集、整理分析资料上，而使方案提出的时间过少，草草了事。诊断机构应充分认识改善建议的重要性，使诊断过程的每个阶段相互连贯而不是自成一体，避免那种缺乏逻辑性和内在相互关联性的成果。这种情况其实时有发生，吴志强曾提到："我们就经常发现前半部分精彩的问题就与后半部分精彩的发展方案似乎根本就无法严密地拼接到一起"。❶

2）建议的设计原则

①对城市发展有利。

②与上一级规划形成很好衔接关系。

③在可控制的情况下，避免与法定规划产生冲突。

④提出的建议应充分考虑审查的难度和实施的可操作性。

（6）编写诊断报告

诊断报告的编写应结合规划实施监测的信息和报告，对该阶段城市空间发展战略规划实施情况进行总体陈述、分析和评价，包括阶段时间内拟定目

---

❶ 吴志强，于泓，姜楠. 论城市发展战略规划研究的整体方法沈阳实例中的理性思维的导入 [J]. 城市规划. 2003（1）：38–42.

标和指标的实施情况，分析规划实施过程中存在的问题，如原规划中忽略或者与实际情况不相符的情况。报告还需说明规划实施环境的重大变化，并分析其对规划实施产生的影响。最后，应提出相应的改善建议。

（7）公众参与

在实际工作中，公众参与经常由于耗时长、反应小等原因被城市规划管理部门所忽视，公众咨询成为"走过场"的现象比比皆是。

发达国家和地区的许多实践经验告诉我们，公众参与是城市规划决策所必须经历的一个过程。有效的公众参与在规划正式生效前帮助规划工作者更多地了解城市，有些城市隐形问题往往只有身处其中的公众能发现和感受到，他们了解城市，更了解社会公众的实际需求。在规划实施阶段，良好的公众基础能够使规划更顺利地向目标推进，只有公众承认和接受的规划才是成功的规划。

对于公众参与的推行，主要涉及两个问题，即"谁参与"和"怎么参与"。

公众参与的主要参与者是公众、规划工作者和政府领导。在这三种角色中，社会公众应是主体，他们涉及社会各阶层，具有不同的价值观和目的；规划工作者主要从事技术性工作，除了专业技术外，还需要社会协调方面的技术；政府领导是规划决策者，有责任平衡各方面的利益和矛盾，保证规划目标落实。

从战略规划诊断的层面看，公众参与主要有两种形式。第一，通过社会团体发挥作用。中国的工会、共青团、妇联以及各种社会团体、群众团体历来是我们国家联系社会各阶层的桥梁和纽带，他们既可以主动参与，通过调研等方式发现问题，也可以由公众通过他们向城市管理部门反映自己的意见。第二，民意表达。这是目前公众参与最为普遍的实现途径。主要方式有：①政府民意表达，即体现政府部门为吸纳市民的意见和要求而建立的各种参与途径，如政务公开、规划展览、政务服务便民热线、市长接待日、政府网站等；②舆论性民意表达，如大众传媒对民意的反映和报道（如上海新闻频道的"新闻坊"栏目），市民通过各种媒体发表自己的意见等；③咨询性民意表达，即各行各业的专家为城市空间发展战略出谋划策等。

（8）完成诊断报告

这是诊断工作的最后一个步骤。根据广泛接纳的意见和建议，尤其重视公众参与阶段社会各方面对诊断建议的反映，讨论是否应当调整或添加诊断报告的部分内容，并完成诊断报告。

3.6.4 审查诊断结果

将诊断报告报原规划审批部门审查。规划审批部门应当在确认报告的有效性后，决定是否需要对战略规划进行调整。战略调整是在既定的战略方针和战略目标下，对战略重点、阶段、对策和发展速度所进行的调整，是不涉及战略性质的局部调整❶。

虽然城市战略层次的规划具有科学性和必须执行的效力，但不等于城市发展战略一经制定就是绝对的真理、刻板的条文。城市外部和内部的各种因素一旦发生变化，建立在这个基础之上的战略及其所知指导的规划也必须发生相应的变化，否则，战略就缺少了针对性，甚至丧失了指导城市发展的意义。因此，城市规划管理部门或者战略主导部门应在审时度势的基础上，积极对诊断结果作出回应，对战略进行调整。

3.6.5 战略调整

城市规划审批部门批复规划修订或修编的申请后，规划主管部门应组织规划编制单位展开新一轮的规划修订工作。

完整的规划诊断程序与执行机构见表3-3。

城市空间发展战略规划诊断的基本程序和执行机构　　　　　　　　　　表3-3

阶段	诊断程序	工作内容	执行机构
规划编制		制定阶段性规划目标	规划编制单位
预备诊断	诊断计划安排		规划管理部门
	诊断准备	宣传诊断工作、分配各部门任务；选择诊断机构	规划管理部门
	运行规划信息监测系统	收集规划实施的信息和数据；对信息和数据加工处理；收集社会各方面对规划实施的意见	规划监测部门

---

❶ 李彦军.产业长波、城市生命周期与城市转型[J].发展研究.2009（11）：4-8.

续表

阶段	诊断程序	工作内容	执行机构
正式诊断	资料收集和分析	向城市各管理部门收集基础资料；对资料进行全面整理和分析；提炼出问题链和核心问题	诊断机构，城市各管理部门协同合作提供资料
	实施评价	根据事先拟定的规划实施评价指标，对规划实施效果进行评价	诊断机构
	提出建议	根据分析和评价的结果，提出可行性建议	诊断机构
	编写诊断报告	诊断报告应包括：现状陈述、分析和评价、提出的建议	诊断机构
	公众参与	公布规划诊断报告，接受公众的不同意见	规划管理部门、城市各管理部门
	完成诊断报告	根据社会各方面对诊断建议的不同意见，分析是否应做适当修改，并完成诊断报告	诊断机构
战略调整		报原规划审批部门审查，由其决定是否进行规划调整或修编	规划管理部门
		调整战略规划	规划编制单位

3.6.6 诊断的成果

诊断工作的成果一般可分为四大部分：城市发展现状分析、现行规划实施评价、重点问题诊断、提出策略建议。其中，后两部分为重点，报告以文字为主，以图纸作为辅助性说明。

（1）对于城市发展的现状分析，是建立在收集了大量最新的城市建设发展资料基础之上的。针对不同的规划类型，对现状调查分析的内容和深度也不尽相同。而诊断可以说是一个厚积薄发的过程，经过检测跟踪和信息收集、处理，能够在较短时间内整理和筛选出重要的信息供下一步的工作参考，节省了诊断工作初期的预备时间，也提高了信息收集的完整度和准确度。

（2）规划实施评价是对该规划期限内规划实施的过程和结果进行的综合性评价。不仅仅包括对总体规划的实施评价，还包括对宏观的规划类型，如战略规划、土地利用规划的收入分析，如此才能真正摸清城市的发展轨迹，做好规划的预测和控制。

（3）重点问题诊断。诊断工作不是面面俱到，而是需要有针对性地对重点问题进行调查分析和提出策略。诊断者可以根据规划实施评价总结的主要问题，进行深入地诊断分析。

（4）策略建议是在充分剖析城市建设发展主要问题后提出的改善措施，是对现行规划的补充和调整，应有理有据地提出策略的原因，预测其实施的效果，并对可能产生的情况作出预先安排。

3.7 城市空间发展战略规划诊断方法

城市空间发展战略规划诊断是对实施中的空间发展战略规划进行全局性的监测，以及阶段性的调查分析、问题梳理和提出改善建议的全过程。对于不同的城市和发展阶段，规划的侧重点必然不同，根据规划的内容可以将诊断分为七大主题：

3.7.1 战略目标诊断

战略目标是城市空间发展战略规划的核心部分，它是城市依据其发展的外部和内部条件制定的、在较长时期内所追求的具有定性定量要求的具体目标。"战略思想最终必须体现在战略目标的制定上，战略目标受战略思想的支配，体现为一定的目标群"❶。

（1）城市战略目标的内容

城市的战略目标是一个复杂的目标体系，以内容的分类来说，可分为经济目标、社会目标、空间目标和生态环境目标。其中，经济是城市发展的基础，社会目标体现经济发展的目的，空间发展是实现经济和社会目标的物质条件，生态环境目标则是以上三大目标在物质性实体组合上的体现，是追求可持续发展的根本保证。

随着外部环境和内部环境的不断变化，城市的发展目标会相应地调整，以适应国家，乃至世界城市总体发展的步伐（案例3-1、案例3-2）。

---

❶ 韦亚平. 概念、理念、理论与分析框架 [J]. 城市规划学刊. 2006（1）: 75–78.

案例3-1　日本首都东京

从20世纪80年代以来，东京的城市定位经历了四个主要阶段：80年代末强调"世界城市"，90年代强调"适宜居住的城市"，21世纪初强调"具有吸引力的全球城市"，2015年欲建"世界第一城市，为居民提供最大幸福"，不断调整发展的重点。

 案例3-2　我国上海

上海"十五"期间的发展目标为"建立国际金融中心"，"十一五"期间为"增强城市国际竞争力"，"十二五"规划将"基本建成社会主义现代化国际大都市"作为主要发展目标，2017年的规划要"建设成为卓越的全球城市，令人向往的创新之城，人文之城，生态之城"。可以看到，城市的关注点从产业转向综合的城市竞争力。因此，不断地调整、深化发展目标，对城市整体发展有着至关重要的作用。

（2）问题诊断和病症治疗

由于我国城市长期在计划经济下经营管理，对城市的动态变化缺乏足够的重视，同时也缺乏应变的管理经验，发展目标脱离实际发展的现象时有发生，主要表现为表3-4所列出的几大问题。

城市战略诊断中易出现的典型问题　　　　　　　　　　　　　　　　表3-4

典型症状	诊断	治疗对策
文本中前半部分的分析与后半部分的目标策略缺乏联系，或者结论空泛、针对性不强	研究时间短，不深入、不广泛	设置长期的城市发展变化监测机制，持续地收集和总结相关信息资料，缩短规划前期的准备时间；留有充分的时间做分析和研究工作
宏大、不切实际的战略目标和城市定位	盲目跟风，浮躁心理，求大求新	吸收先进的规划理念，如城市综合竞争力、核心竞争力的发展理念；学习借鉴企业战略管理的相关经典方法；挖掘城市的发展潜力，在务实的基础上创新和改革

续表

典型症状	诊断	治疗对策
宏大、不切实际的战略目标和城市定位	长官意志、追求政绩、人为拔高等,政治权威影响大	战略规划是城市长期的发展方向,不应随政府换届、个人意志的变化而随意变更
与周围城市竞争激烈,抢占资源,城市被孤立	主要产业类型重复,资源无法共享,缺乏区域统筹、分工协作的战略考虑	强化区域联系的第一步是建立便捷的交通联系,然后逐步协调产业分工合作,实现优势互补,形成合理的城市及区域协同关系
经济增长导致城市环境和生态环境的破坏;城市环境的改善并没有增加社会关系的融洽,反而使人们变得疏远	目标体系缺乏必要的衔接和承接关系,互相的制约因素考虑不多,近、中期目标的设计较随意	目标的制定应合情合理且适应城市发展规律,充分考虑城市的可持续发展;目标体系中总目标与子目标之间、各子目标之间应有必要的联系
战略目标脱离或落后于城市实际发展	缺乏对发展变化的应变机制	制定弹性的战略目标体系,同时安排战略调整的计划,在预定的时间进行总结和评价
战略规划在实施中困难重重,进展缓慢	目标制定缺乏对政策的考虑,执行困难	战略实施前应提出相应的配套政策建议,完善规划的实施机制

3.7.2 区域竞争环境诊断

（1）区域竞争环境诊断的基本内容

21世纪的中国,全球经济一体化和信息经济的飞速发展,对城市和区域发展提出全新的要求。跟随着加入世界贸易组织的步伐,经济区域化和集团化趋势明显加快,我国更快地融入世界经济体系中,使城市管理者认识到建立与世界发展同步的区域发展观念至关重要。城市决策者应关注和思考的环境不仅仅是当前城市系统的环境,更应关注未来城市系统所处的环境,即城市确定其发展策略和系统战略功能所必需关注的环境——战略环境。通过对战略环境的研究,有助于将城市空间发展战略与社会经济环境发展紧密结合,有助于将以形态空间规划为主体的规划逐步过渡到融社会经济环境和空间发展于一体的综合规划。

杨保军曾在评价《广州总体发展概念规划研究》时提到"有一点是战略规划有而总体规划没有的,那就是抗争性,战略规划一定是有对手的,一定要在某些环境下争夺某些资源、某些发展机遇、某些控制能力,它的竞争性很强"。因此,一个城市所面临的外部环境是其作出相应战略决策的主要依据,当然这种战略又密切联系其内部条件,而区域是与城市关系最密切、最直接的外部环境。

分析城市的区域环境主要分为两个方面：一是城市所处区域的结构分析；二是所在区域中竞争地位的分析。区域竞争环境的内容往往写在诊断报告的前面，结合城市发展历史的回顾，意在从更大的视野动态地分析城市的现状和竞争地位。

（2）区域竞争环境的诊断方法

这部分的工作目的是通过深入分析区域结构和城市竞争地位，来为城市空间发展战略的选择和制定作出准确的判断。城市的区域地位下降并不是简单的缺陷叠加导致的结果，而是众多复杂因素的融合，在一定时间产生的不易察觉的恶性循环过程。一个城市的优势越是减弱，从经济上同这个城市联系的地区就越会倒向那些经济上更有优势、充满更多市场机会的城市。因此，区域竞争环境的分析不在于找出问题，而在于看清城市所处的新环境，对城市作出客观评价和现实定位。

纵观已有的城市空间发展战略规划研究的成果，有关区域环境和城市竞争地位分析的内容无不以经济发展为重点内容。显然，城市的区域地位与城市经济实力是相辅相成的。从这个角度看，目前区域竞争环境的分析方法主要来自于企业管理领域也就不难理解了。

一般讲城市所处的外部战略环境分为一般环境和竞争环境。一般环境包括社会文化、政府法律、科学技术、宏观经济等因素，这部分内容相对静态，以资料获取为主要分析方法；竞争环境则是将区域内所有城市成员视作时刻变化的单体，且相互间存在紧密又复杂的关联，了解决定城市竞争地位的分析方法，较常用的是借鉴企业竞争的五种力量模型[1]：即波特提出的对行业或市场结构的分析框架，目的是让企业管理者能够更深入、更广泛地了解所处的行业环境和自身发展地位，帮助企业构建更好的竞争战略。

1）现实竞争对手。在自由市场经济制度下，只要是与本城市争夺资本、

---

[1] Michael Porter. What is Strategy? Harvard Business Review. 1996. Nov–Dec: 61–78.

人才、信息、资源等条件的城市，都可视为现实竞争对手。竞争在大多数情况下是战略联盟式的合谋共进，在竞争中合作，在合作中竞争。因此，分析和比较现实竞争对手，是对自身战略选择和定位的前提。

2）潜在的进入者。对于区域内其他城市的定位，主要产业开发建设等将要调整为与本城市类似的情况，会对本城市造成一定程度的威胁和冲击。如对上海洋山深水港的大力建设，必然对相邻的宁波市港口产业产生影响，宁波在制定发展战略研究中必须对这个竞争现实作出回应。

3）替代因素的威胁。随着信息技术和流通方式的发展，原本被视作主要竞争优势因素的土地、资源、地理位置等自然要素的作用在逐步被技术、知识、创意等高层次要素替代。如今，城市的竞争优势更强调后天培育的高层次优势提升，这就导致了同一类城市功能的进入门槛变得复杂，城市再也不能仅仅根据静态的条件来判断竞争对手的能力和发展方向。

4）城市投资者。对于城市而言，最令其不安的莫过于投资商采取了它所不期望的行为，如原本合作密切的企业逐渐将投资方向转向其他城市，或者无法吸引所期望的投资商。城市必须深刻反省造成这种结果的原因，这是对城市自身的批判性诊断。从这个角度深挖，能够明晰城市整体发展出现瓶颈的深层次原因。随着全球化的影响加深，跨国企业对于资金、人才、市场等多方面生产要素的掌控越来越集中，城市要获得其青睐，需要深入研究它们的实际需要，主动调整自身的服务策略。

5）供应方实力。供应方是向城市提供各种服务、资金、技术的经济团体，就像芯片供应商对计算机产业的关系，伐木场对家具行业的关系，城市也依靠外来的力量来支撑起正常的运作。供应方本身的实力与其议价的能力影响着城市的竞争地位。

以上五种竞争力共同决定了城市发展的能力，但城市竞争是动态演进的过程，对于不同类型和发展阶段的城市，各种竞争力表现为不同的影响和作用，往往是某一种或几种力量占主导，而其他起着次要作用。表3-5列举了部分城市的竞争环境分析。

部分城市的区域竞争环境诊断分析　　　　　　　　　　　　　　　　　　　　　表3-5

规划名称	主要症状	诊断	主要诊治策略
《南京城市总体发展战略与空间布局规划研究》(2001)	辐射范围内的主要城市更依赖上海的发展，省会城市、地理条件的优势丧失	安于现状，随着城际公路、铁路的建设，南京作为长江下游水路、陆路交通通道唯一性的丧失	积极参与区域竞争，广泛建立与周边城市的联系
《杭州市城市发展战略规划》(2002)	区域内各大城市崛起，省级中心城市地位有弱化趋势；政治、经济等方面的中心地位缺乏国家级和区域级的定位	政治中心的优势在市场经济中逐渐淡化；城市集聚效应明显下降；旅游为主的发展与经济中心和省会职能可能存在冲突	实现产业结构的高级化和外向化，提高经济数量和质量；现代服务产业化经营，培养新的竞争力；总体增强杭州在区域中的经济和旅游服务地位
《哈尔滨城市空间战略规划研究》(2002)	位于全国排名前列的都是总量指标，而反映富裕程度和人均环境质量的指标均相当落后；城市整体排名持续下降	第二产业发展整体不强，产业层次较低；没有发挥地缘优势，与外部区域和国家经济联系松散	积极参与东北亚经济区区域合作；完善都市圈体系，建立大哈尔滨城区；改变封闭的思想屏障，积极创新开放发展
《武汉城市总体发展战略规划研究》(2004)	武汉在全国范围内综合实力地位逐年下降；省内数点发展，武汉孤独领跑	中部地区整体发展缓慢；武与周边城市联系强度不高，缺乏相互配套和协作	首先努力成为区域经济带动中心，领跑"1+8"都市圈整体发展；其次发展自身，联动区域

3.7.3　城市空间结构和布局诊断

城市发展形态和空间结构的重要性主要源于其对土地和资本资源的配置效率、城市集聚效率、城市交通需求及其出行模式、社会和环境问题等产生的直接或间接的影响❶。一般在空间发展战略规划中，会以示意图的形式提出城市空间布局规划，如《深圳2030城市发展策略》中提出"南北贯通、东拓西联、中心强化、两翼伸展"的空间规划设想，确定了未来深圳开发建设的主要方向；2006年《福州市城市空间发展战略研究》中针对福州现状景观资源，提出"一心、两带、三轴、六区"的空间格局，明确了未来福州城市结构调整的思路。

（1）城市空间布局的主要原则

1）点面结合，城乡统一安排。必须把城市作为一个点，而其所在的地区或更大的范围作为一个面，点面结合。充分考虑区域与城市的关系，分析研究城市在地区国民经济发展中的地位和作用。

---

❶　饶会林.城市经济学[M].大连：东北财经大学出版社.1999.

2）功能明确，重点安排城市产业用地。合理布置对城市发展及其方向有重要制约作用的产业用地，考虑其与居住生活、交通运输、公共绿地等用地的关系。

3）兼顾城市更新与新区的发展需要。新区与旧区要相辅相成，协调发展，融为一体，使新区为转移旧区某些不适合功能提供可能，为调整、充实和完善旧区功能和结构创造条件。处理好开发区与中心城市的关系，使之有利于城市空间结构的协调。

4）各阶段配合协调，留有发展余地。城市需要不断发展、改造、更新、完善和提高。研究城市用地功能组织，保证城市在建设发展各个阶段都能互相衔接，配合协调。特别要合理确定首期建设方案，加强预见性，在布局中留有发展余地。有足够的"弹性"主要表现为：在定向、定性上具有可补充性；在定量上具有可伸缩性；在空间定位上具有可移性。

（2）几种空间结构类型的问题诊断

空间结构和布局是空间发展战略规划的重点，围绕这一重点能提出城市经济、社会和环境等方面的战略和实施策略。不同的城市空间结构有不同的交易成本（主要体现为交通成本），对城市的产业关联、商业服务、生活品质都有重要的影响（表3-6）。

城市空间结构诊断示例 表3-6

规划名称	主要症状	诊断	治疗对策
《福州市城市空间发展战略研究》（2006）	城市用地局促，自然与历史文化保护面临危机	在城市空间拓展过程中，没有进行战略性规划，造成大量已建项目与城市发展需要相矛盾	发挥重大交通设施引导城市功能迁移的作用；结合国际机场和高铁的建设，带动城市规划布局的变革
	城市中心局部交通异常拥挤	单中心聚集的空间布局使城市中心不堪重负	调整单中心扩张的空间结构，重点培育第二个城市中心
《广州总体发展概念规划研究》（2000）	拆迁补偿费用巨大，建设行为寸步难行；历史文化遗存遭到大量破坏；城区土地空间不足，新的城市功能难以发展，丧失机遇	城市功能重叠、"外溢—回波"空间模式带来的弊端：土地价格高涨；土地存量不足；历史文化街区保护成本高	降低旧城区的过度开发，引导新城区开发；功能在空间上分解；调整城市空间序列，引导城市向南发展

续表

规划名称	主要症状	诊断	治疗对策
《广州总体发展概念规划研究》(2000)	"摊大饼"式的城市蔓延	人口向新区迁移,但生活、工作仍依赖老城区,加剧交通恶化	交通供给永远跟不上交通需求,必须加强"需求"和"系统"上的管理和引导

对于城市空间结构的效率,丁成日认为,低效率的空间结构切断了土地利用强度和土地价值之间的联系,使土地资源不能得到最有效的利用,主要表现在高附加值的经济活动类型(如商业)占据土地价值低的区位,或者低附加值的经济活动类型(如农业)占据土地价值昂贵的区位等。发现低效率的土地利用配置就是城市空间诊断的一个重要目标(表3-7)[1]。

3.7.4 城市综合交通诊断

城市综合交通涵盖城市及与城市有关的各种交通形式,从地域关系上,城市综合交通大致分为城市对外交通和城市交通两大部分,是总体规划的重要组成部分,也是城市空间发展战略规划的主要研究内容。

(1)城市综合交通规划的基本内容和主要原则

2010年2月,住房和城乡建设部印发了《城市综合交通体系规划编制办法》(以下简称《办法》)和《城市综合交通体系规划编制导则》(以下简称《导则》),明确了城市综合交通体系规划的定位及作用,规定了编制的基本要求、主要编制内容、规划成果组成,规范了城市综合交通体系规划编制工作。根据《办法》,城市综合交通规划包括以下主要内容:①调查分析;②发展战略;③交通系统功能组织;④交通站场;⑤道路系统;⑥停车系统;⑦近期建设;⑧保障措施等。

《导则》强调,城市综合交通规划应遵循以下主要原则:

1)应以建设集约化城市和节约型社会为目标,贯彻科学发展观,促进资源节约、环境友好、社会公平、城乡协调发展、保护自然与文化资源。

---

[1] 丁成日.增长、结构和效率——兼评中国城市空间发展模式[J].规划师,2008(12),35-39.

六种典型的低效率城市空间结构及其诊断对策

表 3-7

城市空间结构问题类型	典型区位	主要症状	诊断	治疗对策
分散组团式开发	开发区	新建开发区面临空置、衰败的境地	产业类型重复；规模小；规划目标短视；档次低，形象不佳；基建单纯政府投入，缺乏管理	城市各功能用地协调布局，优化资源配置；整合、联通各功能组团，提倡集中、紧凑的布局模式
破碎化的土地开发	CBD	分散、不成规模的绿地系统；零散分布的商业、办公、居住用地被绿地所隔断	降低了交往的可能性；绿地系统难以发挥生态作用；土地效益降低	根据经济活动的特点，提高土地开发比例，提高容积率；复合功能用途
过大规模土地开发	城市偏远区，城乡结合部	各功能用地零散分布，规模参差不齐	用地效率低，造成土地浪费；投资大，通勤成本提高	
蛙跳式发展	大学城、开发区	大规模圈地现象，大面积侵占自然环境和农田	盲目投资，低水平建设；集聚能力弱，规模效益不明显	叫停违规项目，保持开发用地供需平衡；严正城市规划的严肃性；注意开发建设节奏，相对集聚开发
蛙跳式发展	远离城市建成区	城市蔓延、大面积侵占自然环境和农田；依赖私人汽车，空气和环境质量下降；人气不足	可能导致社会阶层隔离加剧；配套服务设施跟不上；基础设施建设投资大	规划先行，前期分析调查和预测工作到位；城市用地规模严格控制，考虑建设卫星城以缓解用地紧张
随机式发展	城乡结合部	土地开发（民宅等）杂乱无章，随意性大	规划覆盖缺失，缺乏建设管理	完善规划编制；制定相应的管理条例，强化建设管理和监督
过渡混合用途发展	城市各处	城市交通流呈过于分散状态；高档次的居住、服务设施难以形成	就业分布过于分散；经济活动空间集聚规模不高	分析适合混合的土地类型，实行灵活的建设标准

2）应贯彻落实优先发展城市公共交通的战略，优化交通模式与土地使用的关系，统筹各交通子系统协调发展。

3）应遵循定量分析与定性分析相结合的原则，在交通需求分析的基础上，科学判断城市交通的发展趋势，合理制定城市综合交通体系规划方案。

4）应统筹兼顾城市规模和发展阶段，结合主要交通问题和发展需求，处理好长远发展与近期建设的关系。规划方案应有针对性、前瞻性和可实施性，且满足城市防灾减灾、应急救援的交通要求。

（2）我国城市综合交通发展的问题诊断

城市交通不仅承载着城市人流和物流的运输，更关系到城市的经济、社会、环境整个系统的发展。城市的道路就像人的血管一样，血液正常流动人才会健康。而道路堵塞就好比"血管梗阻"，时间久了造成"血栓"，继而引发一系列的疾病。总体来说，我国的城市交通规划有四个主要问题：

1）目标单一，侧重物质性的规划。传统的交通整改方案通过不断修建道路，满足日益增加的交通需求，结果道路通行能力增强激发了更大的交通需求，迫使道路越建越宽、越建越多，却在全局上并没有对交通状况起到明显的改善作用。

2）地位从属，作为配套规划。我国的交通规划往往处于被动的地位，没有专门的方案制定程序，交通设施规划更多地表现为配套作用，满足土地使用和城市经济发展需要，而没有从根本上重视城市的交通拥堵问题。

3）内容片面，侧重交通设施规划。侧重点往往在于城市各部分交通通行能力的平衡、交通设施的用地安排，对于不同功能用地的供求分析和定量数据、停车系统、交通管理等方面的关注不够。

4）缺乏以人为本的思想。现代城市机动车泛滥，行人与非机动车的行动空间被压缩得越来越小。以人为本的规划理念，应该在优先考虑行人和非机动车等弱势群体的基础上，为机动车交通提供通畅的道路环境，而目前许多规划显然本末倒置了。

随着私人小汽车的迅速普及，我国乃至全世界城市的交通都有道路拥堵、停车困难的问题，如何协调城市道路与城市功能布局的关系、完善基础设施配置,形成高效的城市交通网络系统,历来是交通规划和城市规划的一道难关。事实证明,我国许多大城市的交通问题,仅靠政府倾注财力进行道路供给,永远跟不上需求增长的步伐,也是不可持续的,必须从对需求的控制和管理方法、制度的角度,从城市整体功能布局和道路结构的层面,由宏观到微观地研究城市内部交通问题,才有可能找到根本改善和解决的出路(案例3-3)。

案例3-3 广州的综合交通问题

> 主要包括中心城区交通拥堵和非法停车现象普遍,反映出车均道路面积严重不足,城市道路可建设用地稀缺。因此不得不建高架环路予以缓解,并尽量疏散城市功能,平衡环境容量。同时,相较深圳,广州与香港的联系较弱,除了空间距离的弱势,交通便捷性也是一大障碍,造成了深圳经济在短时间内赶超广州,其对策主要是建设连通广州和香港的高速铁路,强化两地交通联系。

3.7.5 城市经济与产业诊断

(1)城市经济与产业规划的基本内容

城市,尤其是现代城市,是一个多功能复合体。但是,无论这个复合体多么纷繁复杂,其经济功能则始终居于基础性的支配地位。换言之,城市经济功能的每一次深刻变化、重组以及创新,都将直接决定着城市整体形象和功能品质的新旧更替❶。

城市产业是城市经济发展的主要内容,也是城市空间发展战略规划的重点。空间发展战略规划要对城市的产业结构与问题、工业分布状况进行系统的调查研究,做到节约配置资源,优化经济空间结构,合理组织生产力。要根据市场规律,对照城市生产发展的条件,剖析产业发展的优势和劣势,确

---

❶ 韦亚平. 概念、理念、理论与分析框架 [J]. 城市规划学刊. 2006(1): 75-78.

定重点发展的产业部门和行业以及重点发展的地区。规划中要大体确定主要产业部门的远景发展目标，根据产业链的关系和地域分工状况，明确未来主导产业，并进行产业布局。另外，相关的土地利用、交通运输和大型基础设施建设等关键性项目，也应充分考虑产业发展的需要，进行合理预测和安排。

（2）城市经济与产业发展的问题诊断

经济与产业问题的研究并不是空间规划的主题，但是关系十分密切，涉及经济学相关的许多理论和分析方法，就我国城市的经济与产业发展而言，比较有普遍性的是以下四大问题：

1）行政壁垒带来的城市产业趋同。我国的许多大城市以传统制造业为主，中小城市则多以老牌城镇企业为主导产业。这就造成无论是大城市还是中小城市，由于受制于行政的约束，产业趋同、重复建设、过度投资的现象明显。随着全球化的发展，城市竞争的战场扩展至全球，信息的便捷又使得城市追逐高产值的重型产业，如长三角15个城市有11个选择汽车为支柱产业。

2）城市产业结构不合理。长期以来，我国在经济建设过程中曾长期奉行"多、快、好、省"的方针，造成了许多城市产业规模偏小，市场竞争能力薄弱。进入全球化时代，产品面临来自全国甚至全球的竞争时，大多数地方品牌和企业走向衰落。城市产业发展的规律表明，一个城市的发展，必须在第二产业得到充分的发展，并有郊区或腹地为其提供第一产业的供给，才有可能迎来第三产业的发展机遇，推动市场性服务业及生活性服务业的快速发展，实现较高的发展水平。

3）粗放经济，城市产业不可持续。特别是近十年以来，一方面，城市进行大规模的土地开发，占用了大量的耕地良田，另一方面，粗放的产业造成大量的废水、废气、废渣排放，污染了城市的整体环境，特别是河道水质的恶化，给城市的形象带来严重的打击，也影响到优秀人才的引进，使城市产业升级困难，难以持续发展。

4）产业的空间布局不够合理。城市产业发展中市场的作用明显，政府主导的很多产业园、产业区四处开花，既造成了空间上的职住分离明显，产城难以融合,同时招商不成功,难以形成规模效应与协同效应,推动企业做大做强(案例3-4)。

 案例3-4　福州的城市产业诊断

> 城市周边的产业区分散布局,多头发展。产业多元特征明显,但呈较平均的态势,缺少龙头品牌,反映出地区的产业知名度低,缺乏知名品牌和主导产业以及产业集聚效应不强。同时,区内的龙头企业受控于外地总部,缺乏决策自主性,产品研发与创新能力弱,使得企业应对波动的能力小,对生产调整的反应比较迟钝,产品附加值小,技术含量不高,呈现出"草根工业"特征。

3.7.6　城市环境与特色诊断

(1)城市环境与特色规划的基本内容

在城市战略规划中,城市环境主要指资源和自然环境;城市特色从微观上讲是指城市的历史文化传承,从宏观上讲则是城市的整体风貌、历史文脉和格局。从目前大部分主要城市的空间战略规划成果来看,环境与特色的部分所占比重很小,往往仅针对城市资源环境污染、生态环境退化、自然环境的开发等方面进行了分析和提出策略,总的来说这部分内容并不是空间战略规划的重点。笔者认为主要的原因是,城市环境与特色规划在总体规划阶段一般都设有专项规划,并且往往城市环境的整治策略具有很大的共性,相较之下,对城市的经济发展和空间结构发展的分析评价显得更有成效。

(2)我国城市环境与特色的问题诊断

在《广州总体发展概念规划研究》中,关于城市传统风貌保护与建设更新的关系有一段精彩的论述:

"老城基础设施与原有的功能和强度是匹配的,任何一个局部的开发都会打破老城的平衡,使其他的要素产生不足和缺失。而对这种缺失的弥补,则带来进一步的需求。例如,办公需求的增加不仅破坏了原有建筑的传统风格，也使得交通变得不足，而交通的改善必须拓宽道路，拆除传统建筑。道路拓宽后又会带来更多的办公需求，随之而来是更大的破坏。一旦这种发展机制被启动，旧城的破坏就会像病毒传染一样，进行自我复制，直到所有老城被完全重新'改造'。在这种机制下，传统风貌和城市个性的丧失只是早晚的事。❶"

城市的传统风貌保护方案不外乎两种：老城与新城混合，赋予老城以新的功能；或者开辟新区、新城进行功能分解，转移不适宜老城的功能。北京曾试图用前一种方案，来缓解城市中心的用地紧张和传统风貌保护的矛盾，结果是破坏了宝贵的历史遗存，城市用地依然不足以满足日益高涨的需求。而巴黎则在远离古城的德方斯都建立了新的商务功能区，新老并存，既保住了城市的传统特色遗存，也满足了现代人的发展需求。"凡是在老城基础上建设新城的没有一个成功"❷，跳出老城发展新的城市功能区，也许才是大城市留住自身的特色，又兼顾发展的最好选择（见表3-8）。

城市环境与特色诊断分析与对策示例　　　　　　　　　　　　　　　　　　　　　　　　表3-8

规划名称	主要症状	诊断	病症治疗
《广州总体发展概念规划》（2000）	水质、大气污染较严重；环境退化，绿地面积明显减少，热岛效应日趋增强	城市污水处理能力明显落后于污水排放增加速度；工业废气排放严重；总规规定的"三组团"绿化隔离带为代表的城市绿地规划没有落实；水面面积退缩	加大配套设施建设；加大绿地建设力度
	相对经济发展水平，城市整体生活环境不佳；城市风貌独特性消退	城市功能重叠是主因；"改造—需求增加—改造"形成的循环效应导致旧城风貌和个性丧失	形成新的具有代表性的城市标志；新城摆脱对老城的依赖，分流人口

3.7.7 规划实施诊断

（1）实施过程评价

关于城市规划实施评价中的过程评价，孙施文曾对国外1980年代至今

---

❶ 段进. 城市空间发展论 [M]. 南京：江苏科学技术出版社. 1999.
❷ 李萍萍，等. 广州城市总体发展概念规划研究 [M]. 北京：中国建筑工业出版社，2002.

的规划评价探索作较为系统和全面的分析，他认为"如果整个规划制订和实施的过程以及对其所进行的控制和引导的标准被证明是合理并最佳的，那么规划与最终结果的一致性将不是评判的最终和唯一标准，程序本身取代程序结果成为'过程性'的评价焦点。"❶这种论断恰恰与战略规划诊断的意图不谋而合。

首先，战略规划诊断工作的价值观建立在评判规划目标合理性的基础上。诊断是对规划本身对城市发展的影响作出的分析，因此，在动态的变化环境中，对规划目标与城市实际发展进行对照分析，以评判的视角对待既定的规划，应是诊断者所共持的价值观。其次，以"过程"作为评价的焦点，是具有阶段性特征的诊断工作的前提。"许多规划之所以未能实现预定的目标，就是因为在实施阶段出现了新的问题，而这些问题往往都是在执行了相当一段时间之后才被发现的。❷"许多规划研究已经揭示，即使是最好的规划，如果不顾及实施过程中出现的问题、任由其发展，都可能导致其最终失败。

可见，实施过程的评价应被视为整个诊断过程的关键步骤。它的评价内容主要从五大方面展开，即规划目标实施情况、空间布局与组织情况、产业结构与发展、实施机制的建立情况以及其权威性和社会认同度，前三项是对规划目标的评价，后两项是对规划过程的评价。

（2）实施结果评价

规划实施结果的评价，主要是针对已付诸实施的规划，考察实施了一段时间之后形成的结果与原规划编制成果中的内容是否一致。这类研究倾向于运用实证的方法对规划目标与实际规划结果进行对应分析，注重两者的差异及其程度。因此，实施结果评价应尽量将评价内容转化为量化指标。客观来说，这种评价方法存在着缺陷，即将城市规划的实施看作一种简单的线性过程，忽略了现实中存在的不确定性因素，正如国外某些专家所评论的，这种规划评价的解释"实际上只能是一个稻草人"。就如孙施文

---

❶ 孙施文，等. 城市规划实施评价的理论与方法 [J]. 城市规划汇刊. 2003（2）：15-20.
❷ 同上。

所说,"规划实施的结果与规划方案之间的偏差并不必然地表示规划是失败的"。

从另一个角度看,就像前面所提到的,公正理性且完全周密地评价规划的实施结果是非常困难的,它牵涉定量和不定量、显性和隐形、直接和间接以及分辨理清哪些是规划所带来的结果等众多难题,解决这些问题将需要投入大量的人力和时间。因此,如果将规划实施过程的评价视为对不确定性的尊重,而将规划实施结果评价视为对规划目标达成的检验,无论是从评价的效率还是成本方面都更具可行性。

(3)城市空间发展战略规划实施评价指标体系(表3-9)

城市空间发展战略规划实施评价指标体系　　　　　　　　　　　　　　　表3-9

第一层次	第二层次（准则层）	第三层次（领域层）	第四层次（建议指标层）	
			定量指标	定性指标
城市空间发展战略规划实施评价体系框架	实施过程评价	实施机制的建立	实施环境是否形成	—	规划对城市空间发展的制约作用如何
			各部门协同机制是否建立	—	各部门在工作中的配合程度
			相关配套政策是否出台	—	规划与政策是否有矛盾;规划中提出的相关政策是否实现
		权威性与社会认同度	规划信息发布渠道	信息发布渠道数量	渠道的通畅程度和有效程度
			公众对规划满意度	管理部门、专家、开发商、公众对规划的满意度	—
	实施结果评价	规划目标实施达成情况	空间结构形态	紧凑度^{注1};形态率^{注2}	合理性分析
			功能空间组织	各功能空间规模	合理性分析
			重大设施项目建设	各关键性重大项目完成率	关键性重大项目所产生的效益(社会效益、经济效益)

续表

第一层次	第二层次（准则层）	第三层次（领域层）	第四层次（建议指标层）	
			定量指标	定性指标
城市空间发展战略规划实施评价体系框架	实施结果评价	规划目标实施达成情况	产业结构与布局指标 ❶、❷	非资源开发产业产值占 GDP 比重；第三产业占 GDP 比重；高新技术产业占 GDP 比重；全要素生产率的贡献率；单位 GDP 能耗；基尼系数注3；区位商指标注4	比较优势；空间集中度分析
			城市空间结构与发展指标	形态率；紧凑度；各类用地规模	—
			建设控制性指标	建设用地面积；人均用地面积；人口规模	—
			社会经济发展指标 ❸	GDP 总量；财政收入；居民人均收入；GDP 三产比例；恩格尔系数；GDP 增长率；城市化水平	—
			基础设施、环境建设指标	路网密度；绿化覆盖率；污水处理率；垃圾回收率	—
			重点设施建设指标	重点市政公用设施完成率；重点交通设施完成率；其他重点项目完成率	—

注1：紧凑度，广义上指城市建成区用地的紧凑、饱满程度，具体上又分为基于最长轴的形状率法、基于周长的圆形率法和基于外接圆的紧凑度法。❹

注2：形态率：豪顿（Horton）于 1932 年提出的城市形状测度方法，以区域面积与区域最长轴的比值作为衡量标准。吉伯斯（Gibbs）于 1961 年进行了改进，提出了基于形状率的紧凑度评价方法，将圆形区域视为最紧凑的特征形状，并作为标准度单位（数值为 1），正方形为 0.64，离散程度越大，其紧凑度越低。公式为：形状率 $=1.273A/L^2$（A 为区域面积，L 为区域最长轴）❺

注3：基尼系数：在全部居民收入中，用于进行不平均分配的那部分收入占总收入的百分比，常用于评价产业集聚情况。

注4：区位商指标：产业的效率与效益分析的定量工具，用来衡量某一产业的某一方面，在特定区域的相对集中程度。

❶ 白凤峥. 城市可持续发展评价指标体系的建立 [J]. 山西财经大学学报. 2000, 22（3）: 88.
❷ 王颖, 衡道庆. 产业结构特征将明确四大定量指标 [N]. 上海证券报. 2010-10-13（05）.
❸ 宁越敏, 唐礼智. 城市竞争力的概念和指标体系 [J]. 现代城市研究. 2001（88）: 19-22.
❹ 尹继佐. 城市竞争力 [M]. 上海：上海社会科学院出版社, 2001.
❺ 费潇. 城市总体规划实施评价研究 [D]. 杭州：浙江大学, 2006.

3.8 小结

与人体一样，城市是复杂、开放的巨系统，生命体所具有的自组织、自适应的特征决定了城市的发展就像人体的血液流动、细胞活动一样，难以完全准确地预测和控制。一旦城市发展中出现问题而患上"疾病"，若不及时采取措施而是任由其持续恶化，最终可能导致"战略转折点"的到来，变成对城市致命的打击。城市诊断的提出就是为了防范这种"失控"的出现。

4 城市发展需要营销

当今城市在谋求城市发展中,越来越需要宣传提升城市的能见度,抓住竞争的主动权。而现行的城市管理与组织形式复杂,包括宣传部门、文化与旅游部门、规划部门、商务部门等都有涉及城市形象建构与推广的职能,难以高效地适应日益严峻的城市竞争环境。如何很好地抓住市场动向,快速反应,让城市适应竞争环境的变化?

4.1 竞争是城市营销的时代背景

城市发展面临的资源竞争越来越激烈,各城市在制定发展战略时,不仅要向内自我了解,更要向外开阔视野,看清所处的竞争环境,找准目标客群,营销城市,吸引资源,策动城市发展。

欧美学者拜里(Bailey,1989)、艾斯沃斯与沃德(Ashworth & Voogd,1990)、菲利普·科特勒(Kotler,1993)以及史密斯(Smyth,1994)等人,在深入研究城市间的竞争经验之后,系统研究了"城市营销"和"场所营销"的概念。科特勒将"地方营销"定义为:将场所(地区)视为一个市场导向的企业,将地区未来的发展远景确定为一个吸引人的产品,借此强化地方经济基础,主动营销地区特色,更有效率地满足与吸引既有和潜在的目标市场(主要包括产业、投资者、定居人口、观光客与会议人士等)。1997年,科特勒提出国家的宏观经济政策和行政手段与市场经济的最小单元是一个统一体,将宏观经济政策与消费者、经济组织结合起来❶。随着城市营销实践的不断发展，城市营销理念也在不断深化，从传统的营销理念（包括"城市产品理念""城市推销理念"），走向新的营销理念——"城市营销理念"，思考问题的出发点由过去的"以城市为中心"转向"以城市消费者为中心"，将城市消费者细分为投资者、旅游者、投智者❷（人力资源）、本地居民，分别针对他们的需求，展开针对投资者的招商引资、针对投智者的人才招募、针对旅游者的旅游推介，以及针对本地居民的满意度提升活动❸。

4.1.1 城市营销的意义

城市之间的竞争越来越激烈，需要制定明确的策略，从营销城市的角度来策划城市的发展，用全面的视角看待与竞争对手的竞争，主动出击，吸引更多的投资者和旅游者等目标群体的目光，并根据他们的需求提供具有针对性和竞争力的标的物（如针对投资者、人才的政策与服务，针对游客的宣传推广），从而获取各种有益的资源和生产要素，使城市经济迅速发展、竞争力迅速提高，进而在城市竞争中脱颖而出。

4.1.2 城市营销的几个阶段

像经营一家公司一样经营城市，基于竞争的环境背景，将城市的各种资源以及提供的公共服务营销给目标客户，吸引各种发展资源，提升消费者满意度。城市"产品"包括城市品牌和人居环境、投资环境、市民文化、经营环境、法律制度等，这些产品通过城市营销销售给目标客户，营销的区域涵盖本地市场、国内市场、国外市场、互联网市场等四个层次。从本质上讲，城市营销是满足城市整体发展需求的过程，这种需求不仅包括物质需求，也包括精神需求。因此，城市营销理论不但不排斥城市的社会价值、文化价值

---

❶ 科特勒.国家营销——创建国家财富的战略方法 [M]. 俞利军，江春，译. 北京：华夏出版社. 2001.
❷ 投智者：本文将城市想要吸引的人才资源定义为投智者，如同投资者能够带来城市需要的资金一样，投智者能够提供城市所需要的科技知识、管理技能、人脉资源等，是城市发展必不可少的重要资源。
❸ 郭国庆等. 城市营销理论研究的最新进展及其启示 [J]. 当代经济管理. 2006（2）: 5–12.

和生态价值，相反，他们有助于城市的这些核心价值得到推广和社会认同。城市营销运用市场营销的基本理论，营销城市的自然、经济、文化等资源，为了达到迎合市场需求的目的，通过打造城市品牌、提升城市软硬实力、吸引更多的资源，最终达到推动城市发展的目的。

城市营销包括几个基本阶段：

（1）分析城市内外部环境，确定目标定位

在进行城市营销之前，要对城市的外部环境进行深入的分析，一般采用SWOT的分析方法。分析近年国家政策走势、区域发展态势，分析城市现有的资源、城市的目标市场环境等；然后，展开城市的内部环境分析，分析城市的基础设施条件、城市的优势与特色，城市的内部发展状况；最后根据分析结果提出针对性的营销策略。另一方面，针对城市的危机分析，要在城市发展的不利因素中寻找发展的机遇，使城市面对挑战、改善投资环境、提升自身竞争力。此外，还要充分分析城市与周边区域的竞合关系，扬长避短、找准自身定位，抓住发展机遇。

（2）锁定营销目标、制定营销战略

在此阶段，需要确定城市营销的品牌塑造目标、锁定目标客户群，根据不同的地域、不同的层次、不同类别的客户群进行细分。在选定了目标市场之后，针对目标群体制定城市营销战略，包括成本领先战略，以成本优先为基准，保证低成本的营销费用创造高效的营销成果；差异化战略，借助独创性、具有极高识别度的城市形象和城市特色文化来吸引目标客户，以城市内在的某些具有优势的基础条件，或者针对某一市场或社会发展趋势目标，作为城市营销的卖点，吸引特定的客户。

（3）制定营销实施方案

如果之前的营销战略还是"纸上谈兵"，此阶段就要确定实施城市营销的具体行动方案，包括城市产品的塑造、城市品牌的推广、价格吸引策略等，落实到一个个城市营销的具体行动中。城市产品与服务方面，将针对不同时期的经营状况分阶段地开发城市产品和服务，聘请专业的公关公司制作城市的品牌体系，针对不同目标客户，制定具体的城市经营条件，通过系列的行动推动城市品牌建设、吸引目标客户，达到营销城市的目的。

（4）营销管控、协调与评估

城市营销的关键一步就是对于营销实施过程的管控与协调。城市是一个复杂开放的生命系统，城市营销则是长期持续而艰巨的过程，要做好这一战略工作，需要建立城市营销实施的管控机制，把控城市营销实施的各个节点。同时，建立城市营销策划团队和管理团队，使营销管控工作直接向城市主要领导负责，各团队成员作为固定的专业团队负责城市营销的策划和实施。此外，还要建立完整的营销实施到实施评价的流程体系，保证城市营销实施的有效、可行、可借鉴，避免损害和影响长远营销目标实现的各种问题。

被誉为"长寿之乡"的广西巴马地区就根据自身的资源特色，制定了发展和宣传的目标（见案例4-1）。

案例4-1 广西巴马的长寿营销

广西巴马旅游资源丰富，居世界五大长寿之乡之首，每立方米负氧离子的含量高达2000~5000个，最高可达到20000个，被称为"天然氧吧"。那里每10万人中就有百岁寿星30.98人，是全球唯一百岁老人呈上升趋势的长寿区。巴马独特的长寿现象长期以来吸引着国内外的专家、学者关注探讨。

广西巴马紧紧地抓住了"世界长寿之乡"这一稀缺旅游卖点，该资源是其他城市所不能复制的独特旅游资源，并以此为龙头，再结合巴马当地的自然资源，拓展为以养生养老旅游为核心品牌、观光、度假、民俗、文化等多种类型的旅游产品线。广西巴马找准了自身的定位，紧紧抓住养生养老的概念，明确地锁定了国内的广大中老年人群、慢性病患者、对养生概念有需求的特定人群，为这些人群开发不同的养生养老旅游度假产品，并实施大力的品牌营销行动。这些措施使得巴马逐渐建立了中国养生旅游胜地的营销目标。

2014年初，河池市政府提出将在巴马打造长寿养生国际旅游区，与桂林、北部湾组成广西旅游发展"金三角",目前已经启动建设。涵盖巴马、东兰、凤山、天峨、大化、都安6个县的旅游区,将依托盘阳河流域独特的资源优势发展长寿养生旅游,通过引进大企业大集团,建设一批养生精品项目,努力建设成为世人瞩目的长寿圣地、养生天堂。计划通过3~8年的努力,把巴马长寿养生国际旅游区建设成为集长寿养生、生态观光、休闲度假、民俗体验、康体疗养、文化探秘、瑶医保健等多功能于一体的综合性示范区,使之成为世界知名、全国一流的国际旅游目的地、世界长寿养生科学研究中心和国际长寿养生文化交流中心。按照《巴马长寿养生国际旅游区基础设施建设行动计划》,2014~2016年,计划总投资97亿元人民币,重点实施交通、生态环保、旅游服务三大类287个基础设施项目建设,重点突破旅游区的"行、环、游"瓶颈,初步形成"山清水秀、出行顺畅、出游舒畅"的长寿养生国际旅游区,力争2016年旅游区接待游客总人数超过1200万人次,其中巴马核心区接待游客总人数能够超过600万人次。

制定了宏伟的发展规划,在具体执行的过程中还需要持续的管控,面对实施中呈现的问题进行调整,才能围绕最后目标进行建设。广西巴马的建设刚刚大规模展开,相关的接待能力十分有限,要特别关注环境与生态的问题。2013年前5个月,巴马县接待国内外游客就已超过110万人次。随着越来越多的游客涌入巴马,面积1971平方千米的巴马,不得不面对小产权房激增、环境污染、原住民生活被干扰等一系列问题。养生"候鸟人"的激增及大量游客的涌入,还在改变着村民们的原有生活方式。如不注意保持巴马原有的自然风貌、村民原有的生活状态以及赖以成名的自然环境品质,最终必然会在营销中失去自我,丧失对游客的吸引力。

4.1.3　城市营销出现的问题

虽然城市营销逐渐成为各个城市谋求发展、提升城市知名度的重要手段,但是目前存在的一些问题,值得我们去思考。首先,国内现在阶段的城市营销多注重短期的城市知名度提升，急功近利的现象时有发生，如急于通过争议性的话题制造舆论焦点，并相继出现一些失败的案例，如"一座叫春的城市"被公众称为"雷死人"的宣传语等。此外，对城市营销还缺乏系统性的研究，对如何有效地实施营销也比较模糊，缺少系统化的营销手段，例如在央视等媒体发布的城市风光宣传片，即使消费者产生兴趣也没有提供相应的售前咨询与售后服务。

这些事例都体现了城市营销中存在的问题，希冀通过争议话题吸引眼球、提高城市知名度，其结果或是因为缺少配套措施，无法将流量兑现成收益，或是由于曝光量的增加，把城市不足的地方展示放大给媒介与世人，反而给城市带来负面的效果。

4.2 通过战略营销指导城市发展

实际上，城市的营销应尽量避免短期行为，通过城市战略营销指导城市的各项规划，并基于目标群体的市场需求，结合城市自身条件，为城市提供产业发展、城市建设、人才吸引、旅游、文化等方面的建议，通过整体的战略、系统的宣传、踏实的配套建设，方可获得持续效果。此外，对城市战略营销规划、行动计划、关键性项目的实施效果进行评估反馈，形成完整的城市发展策略与机制（图4-1）。

4.2.1 何为城市战略营销

城市战略营销是从城市发展战略的角度出发制定的城市营销策略，并基于目标群体的市场需求，结合城市自身条件，打造城市的产业、城市建设、人才、旅游、文化等产品，并向目标客户营销城市产品，从而获取更多的发展必需要素和资源，最终促进城市的长远和可持续发展。城市战略营销的特点要求我们敏锐地把握市场需求与趋势并突出城市自身的特色条件，以城市战略营销引导城市战略规划，特别是在产业发展、旅游开发、文化建设、城市建设方面，让战略规划更加贴近市场、目标客户的真实需求，从而在空间、

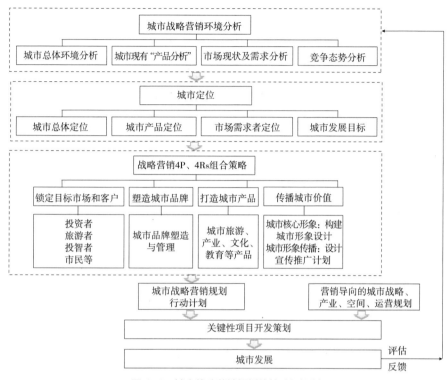

图 4-1 城市战略营销规划的策略与机制

形态、功能、产业、人口发展等方面制定适合的相关战略，有力而高效地引导城市建设的发展方向。

4.2.2 城市战略营销的程序

城市战略营销由城市的营销基础条件分析入手，需要分析城市的总体内外部环境、城市的现有"产品"、市场状况、城市竞争对手等。在分析了城市的各方面条件和现状之后，需要根据城市发展的主要价值取向（如城市性质、城市功能等），确定城市各领域的发展目标，包括城市的总体定位、城市产品定位、市场需求定位、城市发展目标等。最后，通过城市战略营销与城市战略规划的协调机制，为城市战略规划提供有力的市场需求参考。

城市战略营销规划需要找出市场的需要，以比竞争对手更好的营销策略采取行动，以求得真正的综合效果不出现大的偏差。城市战略营销规划一般包括五个相互联系的内容和任务：分析营销环境、细分市场（确定市场定位和目标）、制定营销战略、制定战略实施计划、监测与评估战略实施。为了保证城市战略营销目的的实现，在营销实践活动中，必须遵循严格的实施程序。城市战略营销的运作流程可分为以下几个步骤（图4-2）：

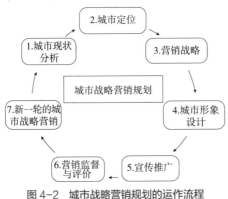

图4-2　城市战略营销规划的运作流程

（1）城市现状分析：包括总体环境分析及发展策略、城市"产品"分析、市场现状及需求分析、竞争对手分析等。通过综合分析，全面了解城市最真实的发展状态。

（2）城市定位：包括城市总体定位、城市产品定位、市场需求者定位、城市发展目标，准确的定位能为后期的营销战略提供正确的策划方向。

（3）营销战略：包括城市总体营销战略、城市产品营销战略、市场需求者营销战略、城市发展营销战略，营销战略的制定形成营销行动的纲领性指导框架，为具体的营销行动打下基础，并能谋划城市长远的营销事件。

（4）城市形象设计：包括城市形象核心构建、城市形象设计、城市形象传播设计，塑造完整的城市形象架构，形成城市独特的品牌形象。

（5）宣传推广：包括城市营销行动计划与宣传推广，通过各种平台和途径推广城市品牌和城市产品。

（6）营销监督与评价：城市战略营销的监督和评价贯穿战略营销的整个

过程，以便根据市场变化和营销效果的动态监控结果，及时调整营销行动，为制定后续的营销战略提供经验。

（7）新一轮的城市战略营销：在一轮城市战略营销实施完成以后，需要根据营销实施评价的结果，着手制定新一轮的战略营销，只有保持城市战略营销的连续性，才能维持和不断提升城市的品牌价值。

城市战略规划与城市战略营销的互动贯穿营销策划的全流程。城市战略营销根据研究策划的结果及时为城市战略规划提供城市发展的建议，营销策划中每一过程的互动，都帮助营销导向的城市战略规划全面准确地把握市场动向和营销核心。

4.3 城市总体环境条件分析

城市总体环境条件分析就是对城市的现状条件进行系统地分析，比较有效的方法就是SWOT分析，以及基于该分析而制定的、具有针对性的SO、WO、ST、WT策略。为了保证战略营销的准确性，必须从营销环境分析入手，以确认潜在的机会与威胁，敏锐地掌握内外在环境的变动，并研究环境中存在怎样的机会。

环境分析的范畴漫无止境，城市应就其营运产业领域、经营目标性质与城市的财政资源，确定集中分析的范围。总体环境分析涵盖区域环境分析、政策环境、城市环境、城市建设环境分析等。

（1）区域环境分析

重点集中在城市的所属区域，包含技术环境分析、财经环境分析、社会文化环境分析、人口统计参数环境分析，分析其对城市发展的支援能力。

（2）城市环境分析

包含国内外技术环境分析、政策法规环境分析、财经环境分析、社会文化环境分析、人口统计参数环境分析等，从而归纳出变化的含义与应对措施。同时还要侧重分析城市的发展潜力面与发展限制面，如生态环境容量、实质环境等。

（3）城市建设分析

包括城市的市政建设状况、近期重大基础设施建设、城市各区域的建设情况、城市化水平等，并对这些条件进行发展趋势研究，把握城市建设发展的脉络和历史。此外，还需要针对城市物质性环境建设中的目的地❶进行分析，关注这些最集中展示城市形象和城市进行对外宣传的窗口。尤其对于外来游客，对城市的整体感受几乎都来自于对这些目的地的印象片段的集合。

4.3.1 SWOT 分析

利用SWOT分析模型，"S"即是优势（Strength），指城市面对营销市场和营销目标的优势基础，"W"即是劣势（Weakness），指城市存在的不足与劣势，"O"即是机会（Opportunity），指城市切入营销市场的机会点，"T"即是威胁（Threat），指城市切入营销市场可能要面对的威胁，或竞争城市对本城市造成的任何威胁。分析需要具有前瞻性的思考，在进行市场策略规划时，其研究步骤首先是环境分析，亦即"市场竞争态势"的SWOT策略分析（Strategies Analysis）。在通过四个维度（Strength-Weakness-Opportunity-Threat）的分析之后，对城市的总体环境有了全面的了解，这个时候就需要引入SWOT分析组合策略对城市的基本情况提出具有针对性和建设性的策略意见，以此扬长避短。SWOT分析的组合策略有四种：SO（优势-机会）组合、WO（弱点-机会）组合、ST（优势-威胁）组合和WT（弱点-威胁）组合。

SO（优势-机会）战略是基于城市内部优势和利用外部发展机遇的一种战略模式，该策略是最为理想的状态，凭借城市自身的特殊优势和结合外部环境的机遇，能达成城市的优势最大化。例如城市在某一领域本身就具有发展基础和规模优势，而外部竞争对手并不具有这样的条件、技术条件不成熟，市场变化的方向也支持城市的这一战略抉择，这将为城市提供难得的发展机

---

❶ 目的地：笔者认为，城市主要为两类人群提供目的地，分别是城市居民和外来访客（旅游、探亲、商务等）。城市居民密切相关的城市目的地功能有居住、商务、商业购物、休闲娱乐、餐饮和文化体育；外来访客密切相关的城市目的地功能有城市门户、酒店住宿、休闲娱乐、餐饮、商业购物和文化体育。

遇期，配合城市现有优势产业发展将能给城市带来巨大的发展红利。

WO（弱点-机会）战略是城市本身并不具有优势，甚至颇具劣势，这时要用当前的发展机遇弥补城市的弱点。如果城市的弱点妨碍到抓住机遇的条件，那就必须克服城市的弱点才能把握住难得的发展机遇。例如，城市发展的劣势是人才资源的匮乏、交通落后，当外部环境具有很好的发展机遇时，可以利用周围竞争对手的经验不丰富、资源匮乏等机遇，加强自身的人才培养体系、制定新的吸引人才措施，以此吸引新的投资者进入城市的市场并巩固原有的投资者，在多重措施的影响下，逐渐甩开竞争对手，最后取得竞争的发展优势。

ST（优势-威胁）战略是指城市利用内部的优势条件对抗外部威胁的负面影响的策略，例如城市竞争对手在自然资源、城市建设、发展基础都具有一定的优势，对城市的发展造成很大的压力；而城市正处在产业发展的初级阶段，基础比较薄弱，都会给城市带来发展的不明朗和劣势，城市就要在此竞争态势中，利用自身的人才优势、区位优势，以及其他相关产业集群的发展辐射效应，利用这些优势吸引投资者的目光，借助这些条件发展目标产业，抗衡竞争对手。

WT（弱点-威胁）战略的目标就在于减少城市弱势对发展的影响，回避外部环境形成的威胁，是一种内向型的发展策略。在城市内外夹击的情况下，往往只有提高城市自身竞争力这一条出路。例如城市的环境基础薄弱、城市人才匮乏、区位优势不明显，城市在竞争环境中举步维艰，面临被边缘化的危险，城市只能采取防御性的措施，从提升自身的素质入手，找到城市发展的新方向，避开现有的发展劣势，避免与竞争对手造成正面的竞争，找到合适自己的发展之路。

城市层面的竞争是全面而多层次的，需要我们从城市竞争力、经济、交通、旅游资源、人才培养实力、城市的产业发展等多角度对城市的主要竞争对手进行对比分析。而城市如何才能在竞争中脱颖而出呢？这就需要全面地考虑城市的发展，从营销城市的角度打造城市发展，使城市以全面的视角看待与周边城市的竞争。所以必须要明确城市的定位，才能为发展指明方向，指导城市的全面发展。而在营销城市方面，要基于城市的自身特点，提出符合城市发展的城市口号，为城市发展和宣传服务。要突出城市自身的独特优势，尤其是别人所没有、十分具有辨识度的城市特色，只有抓住了这些优势与潜力，才能使城市在竞争中独树一帜、抢占发展的先机。这样，通过城市营销的手段，将使城市认清自己的优势，发掘自己的潜力，缩短与其他城市的差距，最终成为区域发展的领先力量。

4.3.2 城市竞争对手分析

城市总体环境分析中，市场竞争态势分析是十分重要的分析内容，要在现有的竞争城市中，确认真正且重要的竞争城市，进而估量这些城市的文化、产业特质、经营目标、竞争优势与劣势等各层面的变动趋向，其目的在于预测竞争城市的未来策略趋势与发展方向，并据此建构出一套避免自身竞争劣势，并削减或稀释竞争对手城市优势面的策略。首先通过城市竞争力的对比可以直观地看出，本城市在竞争环境中与众多竞争对手间的地位和差距，可以从经济效益、发展成本、产业层次、收入水平、发展成本、经济规模等方面进行比较。在确定主要竞争对手时，可以考虑地缘因素，由于相互接壤的城市在发展的过程中势必会对资源、资金、人才、项目产生竞争关系，所以常常成为主要的竞争对手和赶超的对象。

竞争城市的对比分析通常分为几个方面：

（1）经济规模与发展速度

对比各个城市的经济发展速度和近几年经济 GDP 总量的变化，经济技术指标涵盖了财政收入、工业总产值、固定资产投资、招商资金等重要的经济指标，能从对比中直观地掌握城市的经济状况、其在各个竞争对手中的地位以及各对手的经济走势，因此是十分重要的对比分析依据。

（2）交通状况

包括对各个城市现有交通情况的对比，包括公路、铁路、港口、机场等交通系统，同时还要对比城市长远的交通规划，这能够帮助我们掌握长远的交通竞争态势及发展趋势，能为分析城市竞争条件提供有力的参考。

（3）文化旅游资源

文化旅游资源是城市特色资源之重点，文化旅游资源的开发好坏以及文化旅游资源的保有量是城市在与其他城市竞争中一个提高知名度的重要载体，在分析对比时要涵盖旅游人数、旅游收入、自然景观资源、历史人文景观资源、文化宗教活动、节庆习俗等内容。

（4）人才状况

高素质人才是各个城市在竞争中不可或缺的一个基本条件，也是城市发展的源源动力，在对比城市的人才状况时要涵盖人才培养体系、高等院校数量及在校人数、师资水平、各个城市的人才结构等内容，全面地联系城市的人才培养状况和发展趋势，可比对出城市人才发展的优劣势。

（5）产业发展

对城市未来要发展的目标产业分析，先选定其竞争对手，并研究竞争对手的发展状况和发展条件，与城市本身的条件进行对比，发现城市的优势和劣势，并针对这些优劣势提出针对性的策略。对比的数据要包括各个城市优势产业的产值和规划发展目标、产业业态等。

4.4 城市目标市场分析

城市的效益取决于城市能否满足目标市场的需要。看一个城市发展得如何，投资市场的状况能最直接地反映一个城市的经济发展状况和潜力，因此，投资市场状况已经成为城市经济发展重要的衡量标准。外来资金的引入有利于本地基础设施的完善，城市产业链的快速成长，包括工业、现代农业、服务产业等相互扶持共同成长。投资还会为城市创造就业机会，带来大量的外来人口，极大地促进城市基础服务业与消费行业的发展，提高城市整体商业水平。外来机构的入驻、外来人才的流入、外来文化的引入，特别是与城市发展密切相关的第一、第二、第三产业的引进，对城市的发展起着至关重要的作用。因此投资市场的分析显得尤为突出和重要。

4.4.1 城市投资环境分析

城市投资环境分析包括了城市的区位与自然条件、基础设施、经济环境、社会环境、劳动力状况。区位自然资源分析包括城市的海洋河流港口、交通枢纽（公路、铁路、机场）、城市的腹地大小、自然气候条件、地质水文状况、耕地状况、森林资源覆盖率、水资源状况等；基础设施分析包括生活设施与能源供应、邮电通信、交通运输能力；经济环境分析包括人均 GDP、产业结构、GDP 年增长、固定资产投资、地方财政收入等，同时将城市的竞争力排名作为重要的投资环境参考因素之一；社会环境分析包括开放程度、文化水平、社会福利、固定资产投资额、政府办事效率、投资优惠政策等；劳动力状况分析包括劳动力素质、劳动力成本、劳动力供应、年龄构成、学历构成等。通过以上因素详尽全面地分析城市的投资环境，能掌握城市实际的投资环境状况和自身的条件，将为后续的营销策划提供基础条件。

（1）行业需求分析

行业需求分析划分为三个层次：第一产业、第二产业、第三产业，并在此基础上进行行业细分，对这些行业的具体的投资需求进行分析，有针对性地考虑相关影响要素，分析出这些行业相关企业的真实需求。进而提出有效的吸引与扶持相关行业发展的政策措施，促进相关行业的发展。从总体的城市产业发展角度塑造城市形象、提高城市知名度；提高政府行政效率、实行投资优惠政策等措施都是行业发展所普遍需要的条件，而各个行业的需求应该具体分析，并提出专门的营销策略。各个城市的发展状况和条件是不同的，可以根据各生产部门产值大小进行筛选，选择具有优势和发展潜力的产业，突出城市的优势产业和潜力产业。

（2）目标企业投资需求偏好

目标投资企业作为投资城市的最重要力量，他们的需求能否满足，直接影响着企业对城市的投资热情和投资行动。研究分析投资企业的投资喜好和需求，能让我们更深入地了解城市经济发展的运行规律，服务市场和城市经济发展。

首先要分析城市的产业构成，对各个产业的 GDP 产值进行分析，研究他们所占的城市 GDP 比例，并对各个产业所占的比例进行排序，就可以直观地得出城市的主导产业。同时要对城市的各个产业在其各自产业领域所占的比重进行分析，就可以得出某些产业在各自领域占有领先地位，这就是城市的优势产业。图 4-3 是某个城市各个产业所占 GDP 的比例，可以看出其中水泥、农副产品、电力、冶金、化肥是城市的优势主导产业（图 4-3）。

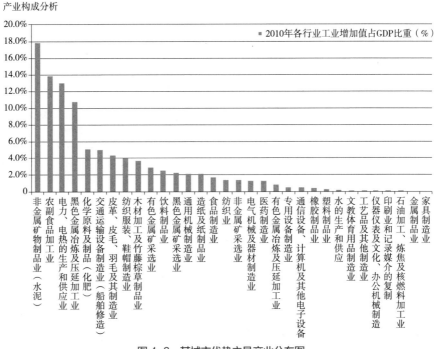

图 4-3 某城市优势主导产业分布图

在筛选出了城市的优势和主导产业之后，就要对这些产业的相关目标企业进行投资需求分析，可以从多个角度对投资企业的需求进行分析（表 4-1）。研究城市的优势或是潜力产业中相关企业的近期投资动向，考察近几年国内相关产业的重大项目参与投资的企业情况，分析这些企业是否有投资本城市的意愿。同时结合各个产业的特点，分析具体产业的发展规律和发展条件要求。此外，充足的原材料供应是企业生产发展的基本条件，高效顺畅的交通条件、优惠的赋税政策也影响着企业的投资意愿。

某城市的产业投资需求分析　　　　表4-1

投资行业细分		投资需求		
第一产业	农业	耕地资源、水资源	气候、运输业、投资政策	
	畜牧业	地形		
	渔业	江河湖泊资源		
	农、林、牧、渔服务业	第一产业基础、居民收入		
第二产业	采矿业	矿产资源	土地价格、经济发展水平	运输业、劳动力成本、劳动力供应、基础设施、投资政策
	制造业	厂房价格、污染处理、能源供应、劳动力素质		
	建筑业	工业发展速度、城市建设		
第三产业	交通运输	区位条件、交通优势、城市腹地	经济发展水平、劳动力成本、基础设施、投资政策	
	金融业	劳动力素质		
	房地产业	居民收入、城市建设		
	旅游业	旅游资源、城市知名度、交通、城市基础设施		

4.4.2　投智市场分析

投智者也就是城市想要吸引到的人才资源，是城市发展的关键要素之一，全面了解城市的人才结构和优劣势能为城市吸引和留住人才提供着力点，分析可以从以下几个方面入手：

（1）人才情况总体分析

城市人才资源的整体情况需要从年龄、职业、学历、专业资质等方面分析，其中人才的职业构成包括党政机关干部、事业单位工作人员、企业公司职员等类别，搜集他们的总人数和比例关系；学历划分为博士、硕士、大学本科、大专、高职高专等层次，列出总人数和各类别所占比例；专业资质要调查各专业人才取得相关专业国家、省级从业资质的人数和所占比例，以及各类职称的比例；人才的年龄分布也是评判一个城市人才状况的重要指标，每10万人口中人才的总数与比例、人才密度，都是国际公认的评判城市经济发展基础的指标数值。通过对各方面人才资源的分析，可以掌握当地的人才资源结构和状况，在城市产业招商中做到胸有成竹。

（2）高等教育人才培养体系分析

城市的高等院校人才培养情况主要包括：院校级别、历年在校学生人数、教职人员数和学历层次，高职高专、本科、硕士生、博士生的总人数和比例情况，重点学科、重点实验室的数量和学科分布，大专院校的学科分类和优势侧重点，职业类教育的人数和培养学科等。

通过对各类人才资源状况的收集和分析，可以掌握城市人才的发展现状和后续发展趋势，找到城市人才资源的问题和优劣势，为后续的人才策略提供基础资料，也可以作为城市产业招商的重要资源，作为目标企业的人力资源选择。

4.4.3 旅游市场分析

旅游市场分析既可以帮助了解外地游客市场（客源地市场）的需求和喜好，提高本地资源对外来游客的吸引力，也可以分析本地旅游市场需求，提升本地居民的生活休憩品质。

（1）本地旅游市场分析

本地旅游市场需求分析中，要从多个角度对旅游者的特征、喜好、旅游习惯进行调查分析，最后掌握城市本地旅游者的基本结构和旅游特征，从而能较准确地为旅游发展策划提供建议和依据，主要包括以下方面：

①旅游者的人口统计学特征，包括：男女性别比例、年龄分布、职业属性等；

②旅游者的受教育程度、工资收入和旅游经费预算等；

③旅游者对旅游的兴致和旅游地区的偏好；

④旅游者的出游时间分布和出游同伴选择；

⑤旅游者的旅游目的，包括以旅游、娱乐和放松心情为目的，以游览和欣赏风景为目的，以开阔眼界和增长见识为目的，以与爱人或朋友增进感情为目的，以寻亲访友为目的，以学术考察和交流为目的，以及其他旅游目的；

⑥旅游者的目的地偏好，包括：自然景区、名胜古迹、民俗风情旅游地、红色革命景区、工业遗产、高校校园、主题乐园等。

（2）外来客源市场分析

城市的外来旅游客源市场可以划分为一级、二级、三级市场，通过对城市旅游景区的交通条件分析，通常划定两小时交通圈内的范围，并研究这一区域内潜在客源的消费习惯和喜好，力求开发巨大的潜在客源市场。在巩固本区域就近几个城市客源市场的基础上，逐步扩大范围至周围的省市，乃至全国经济发达地区和海外地区的客源市场（图4-4）。分析城市现有的消费人群构成和消费习惯，可以在巩固现有消费人群的基础上，注重开拓其他不同层次和范围的消费主体，促进城市旅游客源多样化，丰富客源层次。

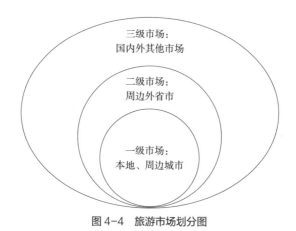

图4-4　旅游市场划分图

4.4.4　人居环境市场分析

全体居民因为职业不同、收入差异等因素，导致他们各自在人居环境方面的需求上不尽相同，但是各个阶层的市民也具有共同而普遍的需求，例如良好的医疗与教育、便捷的公共交通、安全健康的宜居空间等，这些都是城市必须向市民提供的公共服务产品，而这些产品的质量高低直接影响着市民对城市服务的评价和城市生活的体验。而各个不同阶层的居民通常对城市产品又有着不同的需求，所以我们必须针对这些不同的阶层推出具有针对性的城市服务产品，以满足不同类型人群的需求，特别是针对城市发展迫切需要的特定人群，提高他们的满意度对于整个城市的发展极为重要。

由于公共财力的有限，城市在提供公共服务产品的时候应该充分考虑市民的广泛性需求，为全体市民提供相对优质的城市基础性公共服务，例如便利的交通系统、良好的治安环境、完善的医疗服务、优质的购物环境等，同时建立一个高效的市民反馈渠道让他们及时地表达自己的诉求，例如城市服务热线、城市管理热线等，并随着社会经济的发展，逐步提高这些服务的水准。而对于特定的人群，在提供基础性公共服务的时候，还应该考虑他们的特殊需求，例如针对产业工人提供教育产品时，应该为他们提供职业技能、法律合同、拓展视野等教育服务。而针对高端的私营企业主、高层管理人员，在为他们提供休闲娱乐服务产品时，应该考虑满足他们在休闲健康等方面的需求，为其提供专业化、高品质的休闲娱乐服务，例如养生休闲度假区、文化会所等（表4-2）。通过有针对性的城市服务和空间场所营造，让不同的城市阶层都能享受到城市为其提供的高品质服务。

市民主要需求分类表   表4-2

市民类型	市民主要需求
企事业单位工作人员	城市休闲旅游、城市环境、休闲娱乐服务、购物空间、餐饮服务、医疗服务、便利交通
产业工人	城市环境、医疗服务、购物空间、大众娱乐服务、退休保障
个体工商户	经营环境、治安环境、购物空间、医疗服务、大众娱乐服务、城市交通、廉洁高效的政府
私营企业主	休闲养生旅游、娱乐服务、城市环境、购物环境、餐饮服务、廉洁高效的政府、医疗服务、治安环境、教育条件
学生	城市环境、教育环境、娱乐空间
商业服务业员工	教育环境、城市环境、休闲娱乐空间、医疗服务
城市弱势人群	医疗服务、生活保障、城市环境、社会关爱
农业劳动者	医疗服务、城市环境、治安环境、便利交通、社会保障

4.4.5 领导决策者[1]关系分析

决策者作为各阶层各个行业的重要领导力量，掌握大量的资源分配权，

---

[1] 这里主要指掌握公共资源的决策者，以区别掌握私有资源的企业决策人。

具有强大的社会影响力,是城市营销的重要对象,包括了政府行政领域、教育、工业、商业、服务业、农业等多个行业的领导者。他们是城市营销的关键目标群体之一,营销的效果与他们的偏好和接受程度有很大关系,需要有针对性地推出城市的营销产品,以求产品的有效传达。由于城市的营销是一个长期的过程,而非短期的宣传行为,所以应在不同的营销阶段针对决策者推出多层次的城市营销产品,以达到营销城市的目的和预期的宣传效果。如在近期阶段通常需要针对决策者推出以城市的整体形象、发展趋势为主的城市产品,而在远期阶段,则需要针对不同行业的决策者推出差异化的城市营销产品。

对于不同领域的决策者,应分析他们的具体需求和关注点,了解他们的喜好和真实需求,为制定营销策略提供有针对性的基础信息,以便在制定具体的营销产品时能符合其对城市的期望和喜好,达到向决策者营销城市的目的。这些都是为了城市能通过营销的手段影响这些决策者的决策,为城市争取更多的政策"红利"。在分析的时候,需要厘清城市哪些方面的表现可能会对决策者的决策产生的正面影响,为后期制定针对决策者的营销活动和推出针对他们的城市产品提供意见。

4.4.6 媒体关系分析

如何经营与媒体的关系是城市政府必须高度重视的问题,也应是城市营销不可忽视的重要环节。媒体是城市营销的传播管道和载体,城市营销的行动计划需要落实到具体的媒体宣传及推广上,媒体宣传的效率直接影响着城市营销工作的成败。城市的品牌形象、城市的各类产品以及重大的城市节事活动都需要媒体的管道传播给目标受众,并在此过程中实现城市品牌的建立和维护。对于国内城市而言,一般情况下,城市行政管辖范围内的媒体主体上属于可控媒体,城市行政管辖范围之外的媒体,特别是近些年不断发挥巨大影响力的自媒体则属于不可控媒体。很明显,城市行政管辖范围之外的媒体应当获得进一步的关注。对于不可控媒体,必须要强化媒体关系活动的有效性和持续性。城市营销运营者与媒体人员之间存在着协作关系,为了有效地管理这种关系,城市营销运营者应当持续开展日常的媒体关系活动,维护积极的媒体关系状态,并为媒体事件的策划与实施提供坚实的基础。

因此,需要分析哪些是可控媒体,哪些是不可控媒体,对于不可控媒体要进行全面的分析和考虑。根据营销的定位和不同的发展阶段,列出需要重点建立良好关系的媒体名单,分析各种不同媒体报道的习惯和特点,对各个媒体关于城市的报道事件进行动态跟踪,注重媒体与城市的历史关系等,以此掌握城市全面的媒体关系状况,为制定媒体关系策略提供有力保障(案例4-2),避免出现负面的媒体关系和形象受损事件(案例4-3)。

案例4-2 成都,正常生活运动

汶川地震除了给灾区人民带来了心理和生理上的震颤,对成都这座历来以休闲闻名的城市而言,其社会经济、精神风貌、城市形象也蒙受了巨大的打击,作为成都市经济支柱的旅游、房地产、商业和服务业顿时陷入困境,旅游停滞、酒店歇业、房产滞销。成都亟需提升城市形象。

"成都城市形象提升协调小组"积极吸纳传媒界资深人士参与其中,邀请全球知名公关公司全程参与城市危机公关和城市品牌重塑,启动"城市危机公关和城市营销"应急方案,旨在最大限度地降低大地震对成都城市形象所造成的负面影响,进一步加快城市形象提升。在各类报道和宣传中,成都媒体引导媒介言论,尽量使用"汶川地震",而非海外媒体报道中所用的"四川地震"。

2008年6月16日,由成都市政府引导,三家成都主流媒体和十三家成都企业共同发起"正常生活运动",开展了正常生活、正常购物、正常运动等多个"正常生活运动"主题。2008年7月,成都联通、四川移动、四川电信陆续向全川700万手机及小灵通用户发出倡议短信,号召市民用短信告诉外地亲友"成都依然美丽"。

在此次城市危机公关中,当地各类媒介积极引导社会舆论,号召城市内部公众积极参与城市形象传播，引导城市内部公众使用新兴媒介扩展传播规模，整合一切传播力量，最终获得较为理想的传播效果。

案例4-3　湖北省政府奖励李娜80万元

李娜是来自湖北武汉的国际著名女子网球运动员。2014年伊始，李娜经过奋力拼搏，一举击败所有对手，夺得澳大利亚网球公开赛女子冠军，所获奖金高达265万澳元（约合人民币1410万元）。李娜回到家乡后，湖北省委书记宣布奖励她80万元人民币。这一事件经媒体广泛报道后在传统媒体和网络、微博等新媒体上引发大量的争议，民众纷纷一边倒地质疑湖北省领导慷民众之慨，罔顾自己社会经济发展水平尚处中等的状况，用广大纳税人的金钱来"锦上添花"。虽然湖北省政府方面事后极力辩解称奖励李娜是因其为湖北争光，符合相关规定，然而，这一事件的后果是造成该地政府形象大损，部分官方媒体也指出该做法未经深思熟虑，完全可以通过其他非金钱的方式，奖励运动员奋勇拼搏的精神。

4.5　城市战略营销定位

城市定位要基于准确的分析推导而出，最主要的是针对城市营销的目标市场进行，通过对市场现状及需求全面而深入地分析，得出城市针对目标市场的营销优劣势和发展着力点。城市营销定位就是要在消费者心中形成一个具有独特性的形象，以区别于其他竞争对手，需要基于完整而全面的城市环境分析、城市目标市场分析的结果，同时要对城市的时空环境、发展历史、区位条件、人口状况、产业发展、自然资源等多个自身发展条件进行准确评估，掌握城市自身的内部状况和外部条件，发掘城市的特色和特征，找准城市的未来发展方向，经过综合的评定得出目标市场选择、城市发展定位、形象定位等重要的条件。

城市定位，可以说是整个城市营销策略的核心，其策略可分为两种类别，分别是产品定位营销策略和市场定位营销策略。所谓"产品定位营销策略",系指城市为建立适合顾客心目中特定地位的产品,所采取的产品规划及营销组合的活动;所谓"市场定位营销策略",即是在目标市场上找出市场空隙,然后占领,并寻找出有利的市场优势,预先抢占对自己有利的位置及替代竞争城市在市场上的位置,使得竞争城市在市场竞争中因无法发挥优势而只能屈居竞争劣势。市场定位营销策略是由顾客对市场的认知特点而决定,顾客一旦对城市有了先入为主的印象,任何人也无法改变他们的决定。然而,规划者却可以影响市场定位的过程,只要了解市场的运作,规划者便可以设法影响顾客对城市的认知,创造更强烈的城市形象,采取适当的步骤,使城市产品在目标市场客户心中更值得信赖(见案例4-4)。

 案例4-4　"我靠重庆"的城市营销口号事件

> 盛夏来临,湖北省利川市为推介该市旅游资源,在临近的重庆市区做起了城市宣传广告,题为"我靠重庆,凉城利川""龙船调的故乡,我靠重庆"的宣传口号出现在重庆市的街头,特别是公交车上还出现了流动的城市宣传广告。
>
> 尽管利川市旅游宣传部门向媒体一再强调"我靠"的字眼并没有辱骂或是贬低的意思,也不是用来炒作的噱头。但是,就是因为这种暧昧的字眼在网络上一时成为热议话题,有人直呼太雷人,有人对此并不感冒,觉得是利川市政府在打文字擦边球,想制造话题搏出位,顿时引来非议一片。"靠"的字面意思为靠近、临近的意思,但是俗语中有脏话的语义,有评论认为利川这次的营销策划有损城市形象,虽然能在短时间内吸引眼球,但是会招人反感得不偿失。此次事件后,利川旅游局已将重庆公交车身的广告语更换为"比邻重庆,凉城利川",争议才告一段落。

从这个案例中,可以体会城市营销策略的错误以及追求短期惊人效果的方式会给城市带来负面影响。该市在进行营销宣传时只是注意了片面的市场宣传效果，而忽略了营销受众的社会观感，虽然能在短期内赢得话题主动权，但是长远来看，对城市的品牌建设是百害无一利的，并将招致周边城市的极大抵触和压力，还会严重影响城市品牌在目标客户心目中的评价。因此，在进行城市定位和分析的时候，应认识到城市的品牌建设和城市发展是一个长期的持续的过程，要避免刻意追求短期效应，持之以恒，方可获得持续而良好的效果。

4.6 什么是城市"产品"

城市产品是将城市作为一个复杂而具有多样性的个体，通过对自身物质性资源与场所、非物质性资源与空间的整合和优化，为完整城市的目标客户需求提供的有形和无形产品。城市是一个复杂、动态的系统，其产品也十分丰富多样，可以按不同标准进行细分，如按产品形式划分为物质性产品（具体产品）、非物质性产品（如城市文化习俗、非物质文化遗产）；按功能划分，可以将城市产品分为居住产品、旅游产品、服务产品、历史产品、文化产品、体育产品、娱乐产品等；按目标客户划分，城市产品可以划分为为旅游者提供的产品、为居住者提供的产品、为投资者提供的产品、为投智者提供的产品等，同时很多具体产品都不是独立存在，而是相互联系相互作用的。

城市产品是城市营销的基础和根本，其营销的过程就是通过运用营销策略，设计与规划城市产品，并向城市的目标客户销售城市产品的过程。为了便于分析城市产品的营销定位，清晰地了解城市产品内涵，我们把城市产品划分以下几个层次：城市产业产品、城市文化产品、城市旅游产品、城市品牌产品、城市服务产品。

4.6.1 城市产业产品

按照国民经济的产业划分标准，城市产业产品除了可以按第一产业、第二产业、第三产业，以及每一产业中细分为不同的行业、部门外，还可以从城市经济自身的特点出发划分成两大类，一是以满足城市以外地区（区域的、全国的、国际的）需要为目的，生产转出商品和劳务的产业，即转出产业。这类产业的发展状况决定着城市发展的未来，同时也决定着城市经济在区域、国家乃至全球性的地位，成为城市发展的基本经济条件；二是为适应转出产业的生产活动所衍生的需要，以及为满足城市居民日常生活、公共福利和社会文化需要而形成的地方产业，其发展和更新换代都必须符合城市经济的发展条件。在很大程度上，城市产业要受到城市人口状况，以及市民的人员构成影响。城市产业的发展对于城市经济和城市建设起到基础性的支撑作用，而城市反过来又为城市产业提供物资、人员和服务等基本发展要素。

城市营销关注的产业产品，就是在城市的产业领域中具有竞争力、特色优势和发展潜力的产业，这些"产品"资源是城市与周边城市竞争对手的重要装备。对于一个城市来说，一个在人才、技术、资金方面具有优势和特色的产业，其持续发展能提高一个城市的竞争实力，往往也对城市的发展起到举足轻重的作用，让城市在某一领域形成强大的影响力。城市产业产品是城市"有形产品"中最为重要的产品之一，因此在打造城市产业产品时要特别注意选取适合城市发展的目标产业，并以整体的开发模式进行产业塑造，关注完整的产业链体系，以及可能带来的联动机会，同时配合专门性的辅助产品和服务，如政策服务、人力资源、投资环境、基础设施条件等。在实际的城市战略规划和营销工作中，需要把目标产业的选择与发展作为一项重要的城市决策，把握好产业发展的方向，同时还要锁定好目标客户，推荐特定的产业产品（案例4-5）。

案例4-5　福建泉州纺织服装产业产品

经过20多年的快速发展，泉州纺织服装产业从无到有、从小到大，已成为全市经济的第一大支柱产业，泉州也随之成为省内、国内重要的纺织服装生产基地。其中，泉州市的休闲装、夹克装生产最具优势，占据全国市场份额的四分之一。泉州纺织服装产业已形成区域优势品牌和特色经济，全市已涌现出一批服装知名品牌企业，拥有安踏、七匹狼、九牧王等中国驰名商标，柒牌、劲霸、鸿星尔克等中国名牌产品，晋江市已被授予"中国纺织服装产业基地市"。服装产品的门类不断扩大，品种齐全，已形成休闲装、运动装、夹克、童装、西裤、内衣、羽绒服、牛仔服装等门类较多的主导系列产品。

  2008年后，企业面临着人民币升值、原材料涨价、出口退税下调、劳动力成本上升的压力，面临着WTO过渡期结束后纺织品服装出口配额限制取消的发展机遇。在此阶段，泉州政府提出了针对纺织服装产业产品的一系列发展措施：着力补齐高端面料环节，大力开发应用高聚酯差别化短纤及长丝新型化纤材料，发展多种功能性面料、高端面料，提高家用纺织、产业用纺织产品比重；高标准建设晋江深沪东海垵开发区、晋江经济开发区安东园、石狮"祥鸿锦"等印染集控区，大力推广印染冷转移、数码印花、高分子膜等印染新技术，积极发展国际先进纺织印染助剂生产项目，推动染整业向低耗、高效、低污染方向发展；紧跟世界纺织服装流行趋势，聚集国内外服装设计高端人才和研发机构，打造国内一流的纺织服装创新展示中心、信息中心、培训中心、设计中心和检测中心等五大公共服务平台，全面提高服装自主设计能力，着力发展功能性针织内衣、男女正装、休闲装、时装、童装等产品，提升纺织服装产业集群的规模、品牌、特色优势，努力打造"东方米兰"。

  泉州市政府为城市产业产品提供了多项的扶持政策和资金支持，从研发设计、生产加工、营销推广、品牌塑造等多方面打造服装制造业的城市产品及品牌，为该城市产品的塑造和升级提供了良好的发展条件，实体经济赢得了长足的发展机会。2021年3月的新疆棉事件后，品质优良、价格实惠的国产品牌获得了人们的关注，耕耘多年的安踏、鸿星尔克等泉州优质品牌迎来了发展机会。

4.6.2 城市文化产品

  城市文化是具有历史背景和人文气息的城市"软产品"，它是由城市所在地古往今来的民众共同创造的具有城市性格的产品，是城市文化生活、风俗习惯、历史文脉的综合体，具有历史性、时代性、多元性等特点。城市文化包括物质性和非物质性两种形态，其中物质性的文化包括城市的各类建筑场所、园林景观以及传统餐食、工艺小品等，而非物质性的文化包括了生活方式、风俗习惯、文化演艺、历史传说、民族构成等。城市文化的发展在城市发展中占有重要的地位，既是地方社会经济文化发展的成果，也给城市发展打上深刻的特色烙印，也形成了综合体现城市精神、城市性格、城市基因的城市文化产品。城市文化产品就是吸取了城市文化精华，通过对城市文化资源的吸收和整合，打造而成具有城市辨识度的城市产品，包括能体现城市文化和精神、传播城市文化价值的产品类型，例如艺术文化、宗教文化、民俗文化、历史文化、民族文化等，以影视、小说、动漫、歌曲等多种方式呈现。丰富多彩的城市文化资源可以与秀丽的自然资源结合，也可以与产业产品结合，通过综合开发形成城市的旅游文化产品、特色产业产品，具有鲜明城市特色，同时具有较强的产品竞争力（案例4-6）。

案例4-6　厦门鼓浪屿的张三疯欧式奶茶店

> 张三疯奶茶店在到过鼓浪屿的背包客中颇具名气，抹茶绿色的门脸上一只憨态可掬的卡通猫，它就是张三疯的形象代言。名为奶茶店，除了让游客能够享受到改良后的异国口味奶茶（奶茶主要原料：雀巢奶粉＋斯里兰卡进口红茶＋绝密果仁葡萄干等），店中还有许多泛黄的明信片，游客可以寄给朋友。店里还销售"张三疯"冠名的系列产品，有T恤、茶杯、茶盘、摆件等。店铺以"爱自己、爱生活、爱家人"为经营理念，因其具有艺术气息和具有话题性，现已成为鼓浪屿必到的一处新颖景点，在年轻消费者中具有很好的人气。创意文化与商业经营的巧妙结合，令该店具有很强的生命力，也让鼓浪屿更具有现代人文气息。

4.6.3　城市旅游产品

旅游体验是让外界认识城市最直接有效的方式，使得城市的旅游产品成为最直接的城市名片。根据城市的自然资源和历史人文资源，旅游产品可以分为观光旅游、休闲度假、养生养老、文化旅游、商务旅行、宗教信仰、探险拓展类，同时还包括与旅游相配套的旅游保险、旅游导游、旅游商业、旅游餐饮、接待住宿、旅游纪念品等周边产品，加上旅游目的地、旅游线路、观光内容、旅游服务设施、旅游保障服务等城市旅游产品线，一起构成完整的城市旅游产品体系。

旅游目的地是吸引游客到达的地点。其中作为游客休息停留的区域，包含了餐厅、购物网点、酒店、度假村、游乐娱乐设施、自然景点、人文景点等场所，相互间的联系则构成了游客的游览流线，包括旅游线路起讫点、旅游节点、旅游行程安排等；旅游活动是旅游产品的核心，游客享用的旅游产品都是围绕旅游活动而进行的，包括旅游活动内容中的食、住、行、游、购、娱等要素，同时还包括与之配套的旅游安全、导游服务等，这些要素最终构成了完整的旅游活动；旅游服务包括了旅游者在旅游过程中所需要的住宿、餐饮、交通、娱乐、导游等各种安排。在制定服务时要考虑到游客的不同层次，制定差异化的旅游产品项目（旅游内容、线路、服务等方面），突出精心安排和特色服务；除此以外，还要关注旅游者的安全保障及其他心理期待，包括旅游投诉建议、旅游救护、旅游保险、旅游信息、旅游应急预案等附加服务和辅助性要素，保障游客安全舒心地度过旅游时光，这些安排在很大程度上影响旅游评价和满意度，这是旅游产品开发中不可忽略的重要环节（案例4-7）。

 案例4-7　桂林"印象·刘三姐"水上演出

该演出由桂林广维文华旅游文化产业有限公司投资建设、我国著名导演张艺谋、王潮歌、樊跃出任总导演，梅帅元任总策划、制作人，历时五年半努力制作完成。它集漓江山水、广西少数民族文化及中国精英艺术家创作之大成，是全国第一部全新概念的"山水实景演出"。演出集唯一性、艺术性、震撼性、民族性、视觉性于一身。演员阵营强大，由 600 多名经过特殊训练的演员组成；演出服装多姿多彩，根据不同的场景选用了壮族、瑶族、苗族等不同的少数民族服装。这部作品于 2004 年 3 月 20 日正式公演，世界旅游组织官员看过演出后评价："这是全世界看不到的演出，从地球上任何地方买张机票来看再飞回去都值得"。2004 年 11 月以桂林山水实景演出《印象·刘三姐》为核心项目的中国·漓江山水剧场（原刘三姐歌圩）荣获国家首批文化产业示范基地，被评为世界旅游组织最佳休闲度假目的地推荐景区。

4.6.4 城市品牌产品

城市品牌产品是城市最极致具象的体现，是城市营销中十分重要的工作内容，涵盖了城市经济产业形象、历史人文形象、自然景观、城市价值观、市民精神与文化等全方位的城市立体景象，传达给目标客户最直观的城市形象和城市精神。城市品牌产品作为城市形象的集中体现，是城市营销的最基本工作之一，也是对城市的"软实力"和"硬实力"最集中的体现和浓缩。因此，打造城市品牌产品需要全面而高度概括城市的各种形象和特质，是塑造城市形象的具体创作和传播过程，需要通过适当的营销战略和具体的营销行动，传播城市品牌产品的特色，逐步地在目标客户心中建立城市品牌的吸引力和传播力，树立城市形象与品牌，融合成为城市的知名度和竞争优势。

优秀的城市品牌产品将成为城市的巨大财富，拥有无限的利用潜力。因此，在策划城市品牌时，要基于前期对城市的深入分析，经过专门的策划设计、实施推广、监督管理等，创造和保持城市的品牌价值。城市的品牌产品可以根据功能分为以下几类：

（1）城市精神与文化

城市精神与文化对城市的生存与发展具有巨大的灵魂支柱作用、鲜明的旗帜导向作用与不竭的动力源泉作用。城市精神宛如一面旗帜，凝聚着一座城市的思想灵魂，代表着一座城市的整体形象，彰显着一座城市的特色风貌，引领着一座城市的未来发展。一座城市没有精神，没有自己的文化，就没有灵魂，就没有准确的核心理念定位，就没有奋勇争先的精神动力源泉。只有打造出自己的城市精神与独特文化，才能对外树立形象、对内凝聚人心，使城市上下团结一致、共谋发展。

（2）城市市政形象

城市市政形象主要来自各种市政管理者及其负责的领域，他们在职业工作中以及各种对内对外的交往中构成了城市执政者的形象，包括规划、建设、交通、基础设施、安全、民政以及各种行业的管理等领域的政策制定、颁布、实施以及日常管理等，认真的工作作风和高效的办事效率能构筑起城市良好的市政形象。

（3）城市经济形象

经济形象是构建整个城市形象的基础。现代城市最重要的功能之一就是经济功能，代表着城市的发展实力和潜力，也决定着城市形象转化为发展资源的能力。经济形象的建构较为复杂，主要包括产业、行业与市场的构成及其运行环境，也包含了各个企业的企业形象、产品形象等重要的组成部分。一个城市往往有很多产业、行业、市场，他们的构成及规模与城市的发展定位密切相联，将决定城市整体的经济形象。

（4）城市市民形象

市民形象是城市形象最重要的构成部分，主要由市民日常的行为规范和行事风格所构成的市民文明，以及具有重大传播价值和影响力的城市英雄两部分组成。同时，市民还是城市形象传播的最大载体，城市英雄（如各行各业的精英、受到社会主流价值观称赞的英雄人物等）则是城市形象传播的重要影响因素。

（5）城市空间形象

空间形象是指城市在地域空间上的特质，如城市独特的地形地貌、布局结构、场所空间、建筑物与构筑物等，是城市综合形象的载体和支撑。实践已经证明，具有文化和历史价值的道路、街区、建筑及景点，以及具有识别性的建筑物、构筑物，以及令人赏心悦目的景观环境等，都可以提升城市的空间形象，强化城市本地民众对城市空间的认同感，以及城市外部公众对城市的关注度。

4.6.5 城市服务产品

相对于民众和企业提供的各种经营性产品和服务，城市服务产品主要指城市政府尽其所能为社会提供充足公共服务的主要职责，包括为市民生活提供基础性的服务，以及为企业提供必要的服务，以保障他们正常的生活需要和生产经营。政府服务是政府职能的体现形式，直接关系到公众利益的实现，是服务型政府行为的核心，其服务对象既包括公众、企业、事业、政府雇员，也包括下辖的部门、下级政府，以及与政府相关的上级和平级政府、部门、组织等。高效先进的政府应该为公众、企业以及其他服务对象提供便利、完善的高质量服务，服务于投资者、投智者、旅游者、本地市民等主要对象，根据我国的特色，还应包括上级的各种政府和各种媒体方面。

因此，政府服务是我们必须重点打造的部分，也是城市产品营销中不可或缺的内容，具体可包括涉及公众公共服务满意度、政府效能、政府信息公开、公众参与度和政府信任的公众服务，涉及企业公共服务、企业经营环境、企业参与度以及政府效能的企业服务，以及涉及就业服务、住房保障、公共安全、公共教育、医疗卫生、环境保护、社会保障、基础设施、公共交通和文体休闲的城市管理和公共服务（见表4-3）。

城市管理和公共服务需求分析　　　　　　　　　　　　　　　　　　　　表4-3

目标客户	对政府管理和服务的需求分析
当地居民	住房服务、婚姻登记、生育、户籍管理、出入境、医疗保险、教育培训、创业就业、文化体育、购物、旅游、宗教、社会保障、社会救助、交通车辆、治安、消防、纳税、公用事业、法律咨询、其他
投资者	注册及牌照、税务、方便营商措施、市场资讯及统计数据、人力资源、高新技术支持、知识产权、项目审批、企业扶持政策、商贸及资讯安保、企业注销等
旅游者	交通、住宿、购物、饮食、景点、娱乐设施、安全救助、医疗救急、天气预报、其他
投智者	住房服务、户籍管理、出入境、医疗保险、教育培训、创业就业、文化体育、购物、旅游、社会保障、社会救助、交通车辆、治安、消防、纳税、公用事业、法律咨询、其他
上级领导	就业、产值、发展速度、安全稳定、生活环境
媒体	城市发展状况、居民生活质量、城市治安、生态环境等

4.7 城市产品定位

城市产品的定位，就是要结合城市现有的实际发展、市场形势以及城市竞争的现状，了解目标市场的客户需求，分析城市产品的优劣势和市场前景，最后对城市产品进行准确的定位，从而满足目标客户或目标市场的需求，实现城市的发展战略。在对城市产品进行准确的定位后，可以据此进行城市产品的规划与设计，按照发展周期进行城市产品规划：

（1）近期产品。这一周期里，要以梳理现有城市产品的实际发展情况出发，对城市产品进行恰当的定位，在现有资源的基础上开发初步的城市产品，并为下一阶段的城市产品开发奠定物质基础。

（2）中期产品。这一周期里，要在前一周期城市产品开发的经验基础上，结合新的发展动向，进行产品的品质升级，拓宽产品的领域，巩固前一阶段的城市产品成果优势。

（3）远期产品。这一周期规划的是城市产品的最高层次，需要在前面两个阶段进行的城市产品规划与实施基础上，打造城市的精品产品，完成对之前城市产品的完善和优化，实现城市产品的长远规划。

城市的发展不断持续，实现城市产品长远规划的过程也是实现城市各种远景规划的具体过程，毫无疑问，这一过程需要周而复始，不断更新。

4.7.1 产业层面

通过对城市产业结构的深入分析，可以得出城市现阶段在第一、第二、第三产业中具有优势地位的相关产业，以及具有市场需求和发展潜力的目标产业。把这些目标产业打造为城市的产品，需要结合城市的实际情况，按照不同的发展周期，提出切合实际的定位，不能过分超前也不能缺乏远见。近期产业产品着重在巩固现有产业发展的基础上，逐步扩大产业优势；中期产品是在前一周期产业发展的成果上，加强提升产业的品质，丰富产业的类型；远期产品是要打造产业的规模优势和地位，延伸和拓展产业的长度和宽度，向上下游发展，形成区域范围内领先的产业产品。例如某城市的目标产业产品是休闲观光农业，近期的产品为本地高端农产品，中期产品是观光农业和生态旅游产品，远期要打造的则是覆盖第一、第二、第三产业的全产业链生态农业产品。

城市产业产品发展策略主要包括：

①在产业发展策略方面，首先要具有前瞻性。在考虑到城市本身发展的实际的前提情况下，需要对未来新兴产业的发展趋势有敏锐的洞察力，因为这是决定城市在未来竞争力的重要基础和砝码。

②在综合开发方面，产业产品的发展要考虑到各个产业直接的关系，如何相互配合、相互促进，在发展主导产业的同时，积极培育周边辅助产业的发展。在优势产业发展的基础上，要考虑到如何扩大已经取得的优势，并不断地针对现有优势产业的上下游进行衍生拓展。

③要充分利用自身优势，特别是城市的区位优势、自然资源，因地制宜地将城市的优势发挥出来。例如某城市本身在港口运输方面具有一定的发展基础和规模，并具有较好的发展潜力，应借助已有港口的发展优势，积极发展物流贸易，将城市逐步打造成为区域的港口物流中心。

4.7.2 文化层面

在规划和打造城市的文化产品时，首先要对城市全方位的文化历史资源进行分析，筛选出城市的文化和历史特色资源，作为城市营销工作中十分重要的特质与基础。根据上述分析的结果，结合社会文化需求的特点，可以确定城市文化产品的总体定位，作为指导城市文化产品开发的准则。城市文化产品的开发也要分为近期、中期、远期规划，近期在现有文化历史资源的基础上，开发初级的文化产品；在取得一定的效果和经验之后，在中期阶段逐步扩大城市文化产品的深度和领域，开发多样化的文化特色产品，使城市形成自己鲜明的文化特色，以及对周边区域辐射一定的影响力；在远期则开发高端深入的文化产品，例如大型的文化盛会、精致的文化艺术作品，展开综合的文化产业开发。譬如，宗教是人类发展历史中最为神秘和普遍的文化景观，具有十分多样化的形态和内涵。宗教文化资源是与各个时空背景下的政治经济环境、社会文化水平、民族民俗等条件相互作用的产物，经过时间的沉淀和积累，形成了现有的宗教资源，并普遍具有丰富的艺术、人文、民俗、民族、时间沉淀等特点，能够塑造城市的性格和形象。所以在开发该类产品时，可以利用其在信众和游客中的影响力，结合自身发展特点开发符合公众需求的产品。从城市的宗教产品开发阶段来看，可以分为近期、中期、远期产品规划。近期产品从修缮保护现有的城市历史文化资源和宗教庙宇着手，发展宗教文化；中期逐步开发城市的宗教资源，从养生、休闲方面入手开发城市的宗教旅游产品；远期则在宗教资源开发的基础上，提升宗教产品的深度和广度。

城市文化产品发展策略主要包括：

①城市有着丰富的历史文化资源，并且一些文化有很高的历史价值，并具有唯一性，是可以很好利用的文化资源。要充分发掘城市丰富的历史文化资源，应结合自身的发展情况，分阶段开发城市特色文化产品。主要通过保护历史遗迹，并开发有特色的文化资源，推出多种形式的产品，达到提升城市文化和环境品质，营销城市的目的。这需要与规划设计机构、研究机构、知名媒体合作，全方位推出具有吸引力的城市文化产品，并要构建城市文化与旅游相结合的发展模式，使丰富的文化资源转化为旅游资源，吸引人气，提升城市整体的品位。同时，还要大力扶持本地的文化艺术人才，考虑建立创新文化基地，为城市的未来创新发展打下基础。

②充分发掘已有宗教资源。借用现有的宗教文化资源和寺庙在周边地区的影响，帮助推广当地宗教文化在国内外的影响力，尤其是在海外侨胞中的影响力。

③充分结合特色产业开发。宗教文化与中国传统文化相结合，不仅可以增加宗教文化的内涵，也可以促进当地与相关产业的发展。在宗教文化中开展休闲体验的模式，增强来访者的体验，促进当地宗教与旅游事业的同步发展。

④结合当地生态和绿色环境的资源优势，开发以佛教为主题的养生食品与产品，发展以休闲体验为主的旅游业，将具有悠久历史的佛教文化与休闲、

养生相结合，提升旅游吸引力。

⑤延续传统的宗教节庆相关活动的影响力，推广当地宗教文化，积极利用现存的相关历史遗迹，增加当地宗教文化的"卖点"。

4.7.3 旅游层面

城市旅游产品开发也是城市营销策划中较为重要的开发部分，旅游产品因其具有的自然和人文属性，通常会与城市的文化产品、形象宣传产品的开发联系起来，相互融合，为整体的城市营销行动服务。旅游产品可以分为观光旅游产品、度假旅游产品、商务旅游产品等，按照近期、中期、远期三个时期进行产品规划。近期产品以提高本地旅游服务设施的服务质量，扩大服务范围，加强旅行社建设为主；中期要开发丰富的观光游路线，形成多类型的旅游路线，将景点整合到旅游网络的线路中；远期则要针对不断变化的旅游需求，规划和投放新产品，提升旅游产品的层次和品质，形成城市自己的旅游品牌。

旅游产品的开发策略主要包括：

①整合城市具有优势的旅游资源，在开发过程中加强与周边城市的合作，借助景区的优势，整合现有资源开发新兴旅游项目，打造具有深厚历史人文底蕴、丰富自然景观的旅游产品。

②旅游的目的地要塑造成为交通便利、环境优美、产品丰富的场所。特别要注意对旅游景点的适度合理开发，保证景区的环境品质。

③同时还要净化和优化城市的整体环境，例如公共交通设施、旅游信息服务、餐饮娱乐、休闲度假设施等，还要为城市提供整体的服务业服务质量和人员素质标准。

4.8 城市战略营销组合策略

4.8.1 城市战略营销组合策略

在营销功能的整合中，城市规划者既要明智地寻求产品、定价、营销渠道、促销等企业营销中关注的四大策略配合与协调，还需要根据城市的特殊性，合理运用关联（Relevance）、反应（Reaction）、关系（Relationship）、回报（Reward）等其他新的组合策略，并与市民编织成紧密的共生关系。因此，定价必须与产品的定位一致，营销渠道应与定价、产品定位一致，促销又应与产品、定价、营销渠道一致。而关系与关联都是要充分考虑城市及其目标客户之间的联系，要构筑一个稳定和谐的客户关系，并针对客户的需求建立高效的反应机制。在此基础上，还要把握整个营销策划的投入产出比率，测算城市营销与城市战略规划的投入与投资回报，确保营销行动的效益。

4.8.2 产品策略

城市的"产品"可以提供城市市场，是通过目标市场的关注、投资、使用或消费来满足其欲望或需要的实体物质或服务❶。城市产品的好坏，决定了城市吸引力的大小。狭义上讲，城市的产品可以专指城市范围内具有一般公共品特征的、被全体市民享用（但非独享）的城市生存和发展不可或缺的产品，可分为城市纯公共产品和城市准公共产品，如上海天文馆、北京八达岭长城。广义上讲，一个城市的产品可以指在该城市地域内注册、设立的实体及其研发、设计、制造、生产、提供的产品和服务，例如合肥蔚来汽车、上海迪士尼乐园等。

城市产品还可以从形态上分为"软产品"和"硬产品"，"软产品"包括城市的形象、服务、文化艺术、城市价值和精神，"硬产品"包括城市的基础设施、产业、资源、空间、各类目的地、服务设施等。从目标客户对城市产品的需求层次又可以划分为核心产品、有形产品、延伸产品三个层面，核心产品满足不同客户最基本和迫切的需求，有形产品是核心产品得以实现的形式，包括了城市产品的品质、式样、特征、商标、包装和相关配套产品等，延伸产品也称附加产品、增值产品等，满足客户更广泛的附加需求。总体来

---

❶ 马文军.营销导向的城市规划：城市吸引力的创造[J].上海城市管理，2005（04）.

看整个城市的产品策略可以细分为：产品定位策略、优势产品策略、产品设计策略、产品评价策略、新产品策略等。

4.8.3 定价策略

在营销组合的各种要素中，定价策略逐渐成为城市营销策略中重要的一环。所谓定价就是对"城市产品"进行价格的划分和制定，针对不同的客户群和不同类型的产品制定不同的价格定位，需要考虑定价的目的、城市的财务状况、产品的竞争环境等。定价目的必须同时考虑到下列范畴，包括城市持续经营、提升城市的形象与定位、满意度与认同、创造市民的兴趣点与刺激点、帮助其他产品项目的促销效果等，研究财务因素对定价决策的影响，以及城市产品的竞争对手状况，包括市民消费能力与意愿、竞争城市的产品类型和定位、同类型产品的价格对比分析、产品相互差异化程度、市场环境等，常见的城市产品定价策略包括成本导向、需求导向、竞争导向的定价策略等。

4.8.4 渠道策略

营销渠道策略是城市规划者能影响的主要策略之一，因为城市在渠道上所作的选择会直接影响其他的营销决策。营销渠道策略负责执行产品由规划者移转至城市内外民众的所有工作，营销渠道规划具有研究、推广、传递、接触、沟通、协调等诸多功能，旨在以最低的成本在最正确的场所，将城市产品营销给最适合的市民（如通过合理的营销与宣传渠道，传播和推广形态与空间规划理念），与此同时，还要保持对渠道的适度控制力。

城市营销渠道策略有两种：垂直营销系统和合作营销系统。

（1）垂直营销系统

垂直营销系统有利于控制渠道行动，避免渠道成员为追求各自利益而造成的冲突，通过形成规模、提高谈判实力、减少重复服务而获得效益。城市的垂直营销系统以满足游客需求为主，并提供其他目标顾客需要的信息。作为城市营销和售前/售后服务的主要场所，城市可以组合市内各优秀产品和品牌,与城市的主要产品供应商合作推广,有效地分担投资与运营维护成本。此外,城市的垂直营销系统还能定期举办城市推介活动,协助企业提供营销、网购提货等服务,综合各项城市服务的职能(如响应问询、接受投诉、驻外联络等),打造一个综合性的服务性城市营销终端(案例4-8)。

案例4-8 城市营销终端策划——城市会馆与城市信息中心

城市会馆是城市在目标城市及合作城市设立、自主经营的城市品牌宣传和推广的中心,可以作为城市营销的核心终端,在一个区域内起到宣传中枢的作用,以城市产品为主要展品,作为城市的展示空间,以城市形象/文化符号为导向,以直观的方式,在目标客户心目中建立第一营销印象。城市会馆的设点可以考虑由小范围设点再到大范围布局的节奏,根据城市营销的近期、中期、远期目标,以及不同范围的营销对象,率先从省内设置做起,深入挖掘目标区域内主要人群的需要。

城市信息中心是城市内合作经营的终端,是城市品牌宣传和推广的延伸网点,作为城市营销的辅助终端,在较小范围内起到宣传功能节点的作用,其以城市产品为主要展品,作为城市的信息服务提供终端,以直观的方式和便利性,建立最初营销印象。城市信息中心适合设于火车站、码头、汽车站、市民广场、主要景点等市内主要区域,综合服务外来的游客。该终端要注意满足游客需求为主,并提供其他目标顾客需要的信息,形成对外来者友善的氛围。

该终端既可以作为售前、售中服务的主要场所,亦可成为城市售后服务的集中受理处,提高城市产品的吸引力和城市服务的品质。

(2)合作营销系统

合作营销是指两个或两个以上的机构为达到资源的优势互补、增强市场开拓、渗透与竞争能力联合起来共同开发和利用市场机会的行为。城市政府、机构、企业等营销利益体因共同的目标构成了城市营销的合作关系。同时,竞争与合作是当今发展的不变主题，合作也是竞争的策略之一，特别是对于城市这种开放性的大系统，区域范围内的合作能够帮助城市形成更为突出的优势与特色。

4.8.5 促销策略

城市促销是指在短期内能刺激市民的参与意愿或激发各渠道成员的所有营销热忱，以期协力达到城市营销定位（目标）的所有活动。促销策略规划就是如何将有限的资源分配到各个不同的促销活动，最终达到推销产品的目的。在进行这一促销组合规划时，必须就下列因素加以考虑：产品因素、市场因素、市民因素、财务因素、营销组合因素、环境因素等。

促销的途径可以分为广告、人员、活动等三种主要方式。广告促销是经由广播、电视、报章杂志、户外标牌、邮寄传单、网络等大众媒体传递的非人际沟通。广告是有价的大众传播工具，其功能可以促销产品、提升城市形象，进而刺激民众的消费需求；人员促销通过规划者或各渠道成员与市民间面对面的互动，具有双向沟通的效果，其最终目的在于建构并营造出城市与市民间密切、互信的长期关系。促销的形式不一定按照单一的某种形式开展，可以综合地运用促销的手段，以求达到最好的促销效果。

4.8.6 关联策略

与顾客建立关联，可以提高其满意度和忠诚度，减少顾客流失。在城市营销中的关联（Relevance），即城市与城市利益相关者（市民、投资者、投智者、管理者）之间建立的统一体关系，这一关系的建立和维系发展是城市营销的核心理念和最重要的内容。城市必须通过某些有效的方式在业务、需求等方面与营销对象之间建立关联，形成一种长期互助、互求、互需的关系，以此来提高营销对象的忠诚度，减少营销对象的流失，赢得长期而稳定的市场。

城市营销中关联的具体措施可分为：

（1）建立城市客户档案数据库

要建立与城市客户的持久联系，完善全面的客户档案库是必不可少的，城市要针对目标客户建立档案数据库，涵盖客户的基本资料、喜好偏爱、物质性和非物质性的需求等，定期与客户保持适当联系，了解他们的需求变化，并向他们推介城市的产品和服务。这既是赢得客户信赖，增进城市与顾客之间情感联系的重要途径，也能掌握客户的需求变化，为城市产品的更新开发提供参考。

（2）建立利益关联

建立城市客户与城市产品的利益联系——城市会员制度，为城市重要/忠实的客户提供获取城市产品的便利和优惠条件，吸引他们重复使用城市产品和愿意使用城市提供的新产品，例如游客如果多次重复消费城市的旅游产品，可以为游客提供相应的优惠和附送特色旅游产品以示奖励，这样能激励游客对城市旅游产品的忠诚度（案例4-9）。

 案例4-9　贵州景区的门票优惠

自从贵广高铁开通以来，贵州每年夏季都会出台相应的景区门票免费或者半价的政策。2021年五一节刚刚过去，贵州省文化和旅游厅就宣布，将对江苏省、浙江省、福建省、山东省、广东省、辽宁省、上海市、重庆市实行优惠。贵州所有的A级景区（从A级到AAAAA级），将对以上八省市的居民免费开放。到目前为止，全国34个行政区都轮番享受过贵州的门票免费政策。

（3）提供针对不同客户的城市产品

不同客户对城市同一种产品的要求是不同的，对城市众多产品的要求也不同，城市要针对不同类型客户的需求提供针对性的产品，这样才能吸引住不同客户，与客户建立起基于客户需求的产品联系。

（4）传播城市形象价值

塑造城市的品牌形象，通过多种传播渠道向潜在的客户和现有的客户传播城市的形象和最新的城市产品，能让客户对城市品牌有所认知，为城市品牌和相关城市产品的推广服务，并拓展新的客户资源。

4.8.7 反应策略

反应（Reaction），在活跃的市场经济中，城市管理者的首要工作就是要充分接收客户的各种诉求。要达到这个要求，就要对营销对象的需求予以重视，并快速提出满足这些诉求的解决方案，也就是城市营销的反应策略可以从以下几个方面入手：

（1）及时掌握客户需求

通过建立的城市会员制度，与客户保持联系，通过定期调查了解他们对城市产品的需求，并在与城市营销对象的广泛联系基础上，掌握城市营销对象的需求变化动态。在此基础上，使用多种沟通渠道了解他们的需求，例如电子邮件、电话访问、城市门户网站调查、微博与微信发布信息等多种形式。

（2）建立反馈机制

针对不同需求提供特色化产品和服务，对各对象正在使用的城市产品和服务进行跟踪，可以掌握他们对这些城市产品的评价和意见。此外，还应充分重视城市产品的用后评价，让城市客户在使用城市的产品之后，能够表达使用感受和意见，为城市产品的更新开发提供参考。与此同时，反馈机制的建立也是加强同城市客户纽带关系的重要举措。

4.8.8 关系策略

城市发展的趋势使得城市要与城市客户建立长期而稳固的关系（Relationship），以抢占市场的先机。要改善与城市客户的关系，必须转变处理与城市客户关系的思维，要从一次性的交易转向强调建立长期友好合作与互动关系，体现和谐共荣的思想，从着眼于短期利益诉求转向重视长期利益，并要让城市客户参与到城市产品的开发过程之中，形成真正满足城市客户需求的城市产品。

4.8.9 回报策略

城市与城市客户之间任何交易与合作关系的巩固和发展，都影响到城市与城市客户之间存在的经济利益和社会公共利益，形成营销行动的利润回报和价值回报（Reward），特别是必须两者兼顾的城市。获得合理回报是正确处理营销活动矛盾的出发点，但不是唯一的出发点，城市还必须考虑到城市发展中公益性的问题，在为城市大众提供公共服务的时候不能把盈利作为出发点，这时候对回报的诉求应该是获得城市产品使用者的称赞和公益性贡献。

4.9 城市战略营销行动计划

城市战略营销行动计划是整个城市战略营销的实践阶段，也是最为关键的阶段，需要在时间节点上进行有效的控制，才能保证营销行动的顺利实施。营销行动计划要得到有效的实施，必须有一个完整的时间节点控制体系，包括重大项目的时间控制、重要目标的时间控制，其中重大项目的时间控制分为近期（1~2年）、中期（3~5年）、远期（5年以上）三个节点（图4-5）。

在这些营销控制时间节点下还可细分为每一年具体要完成的重大项目与每一年需要完成的精确目标项目，保证营销计划能逐步地实现。此外，在每一阶段的末期，需要对该阶段的营销行动进行专项评价，以便根据该评价结果及时调整下一阶段营销行动计划的工作（见图4-6）。

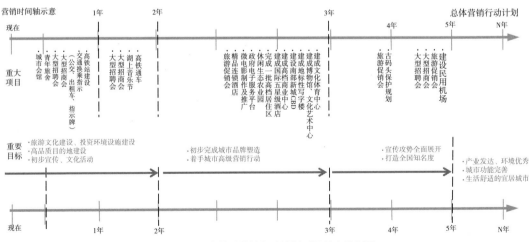

图4-5 某市战略营销行动计划时间节点控制图

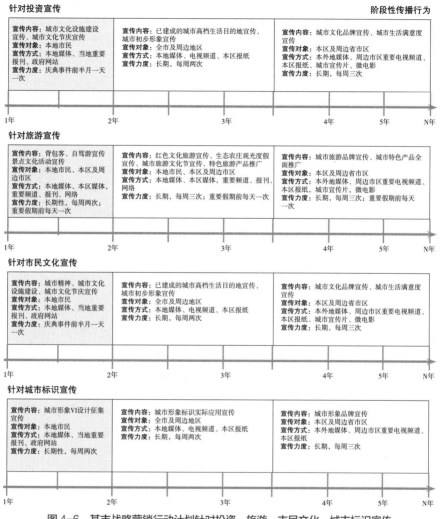

图4-6 某市战略营销行动计划针对投资、旅游、市民文化、城市标识宣传的阶段性传播行为计划

4.10 城市战略营销与城市规划的协调机制

城市竞争力的影响因素包括了硬条件和软实力，城市规划把控着城市的硬件，城市营销则是提升城市软件的有效途径。而在此浪潮中，城市规划这一塑造城市肌体的部门注定不能与城市营销各行其道。部分学者已经开始

在研究城市营销为导向的规划理论以及规划实践，涉及城市战略规划、产业园区规划、旅游区规划、城市设计等不同层次（杨建一[1]，1999；马文军[2]，2005；李明[3]，2007）。理顺他们之间的关系能够让我们换一个角度认识城市规划，避免现有规划体系中常常忽视经济市场因素的缺陷，让规划更加适应经济环境的变化，满足市民、市场、城市的需要，因此，需着重研究城市规划与城市营销的协调机制。

4.10.1 城市营销与城市规划的关系

城市营销与城市规划这两个看似不同领域的学科，近年来越来越多地产生交集。现行规划制度是一个发展完善的体系，规划的制定与修编都需要严守政府层层审批程序，并且规划期限少则 5~10 年，长至 20 年。在市场机制作用深入我国社会经济生活方方面面的今天，市场环境瞬息万变，城市发展的机遇稍纵即逝。面对配置稀缺资源的市场机制，面对变化的内部外部环境，城市需要在经济发展、产业结构、空间规划、竞争策略等方面灵活应对，城市营销逐渐显露出其独特的作用，弥补城市规划缺少的市场针对性，避免因市场预测不足造成资源浪费与公共利益流失，影响规划的权威性和严肃性[4]。

4.10.2 营销导向的城市规划

在倡导式规划（Advocate Planning）的理念引导下，西方国家城市更加注重利用社会性力量进行城市建设和开发活动。最直接的做法是从城市形象入手，包括形成城市的品牌形象、挖掘城市的特色和个性，准确定位，并通过各种媒介传播城市影响力，谓之城市"软实力"；同时，所有物质性的城市基础环境、景观、场所，以及具有的各种实质性能力（如国际性客运枢纽、国

---

[1] 杨建一. 城市营销：深化陆家嘴开发的新理念 [J]. 上海管理科学. 1999（04）：12–13.
[2] 马文军. 营销导向的城市规划：城市吸引力的创造 [J]. 上海城市管理. 2005（04）：39–41.
[3] 李明. 营销导向的城市设计方法研究初探 [D]. 北京：中国城市规划设计研究院，2007（03）.
[4] 包晓兵，陈华臻. 城市规划编制的必要补充——规划策划 [J]. 科技信息. 2009（13）：321.

际级大型计算机、世界领先的重点科学实验室等),将作为城市的"硬条件"而赋予城市承载各种活动的可能性。城市的建设与开发活动已不再只是被动地满足本地产业及居民的需求,而需要更多关注外部市场的需要与机遇,主动实施营销策略引导下的行动计划,这必将深刻地影响城市发展的路径。

为引导城市规划更好地适应市场需求和发展的方向,城市营销要帮助规划者在对城市以及影响环境进行全面深入分析之后,进行准确的规划定位和标准设定,从而在清晰的目标群体分析基础上,传达正确、全面的城市形象信息。这些就是城市营销对于城市规划最重要的意义,也使越来越多的规划者意识到市场力量的强大,更加关注市场因素的影响,在战略层面、战术层面、实施层面引入城市营销的思想,对城市规划进行引导:在战略层面,通过完善的营销系统分析城市的优劣势、竞争态势,对城市形成清晰的认识,选择适合城市发展的产业,给城市决策者和管理者提供客观的意见,避免对未来的主观误判而造成重大的规划失误;在战术层面,城市营销为城市规划提供城市"产品"的规划引导,使规划的编制与修编过程中有所依据,从而优化这些产品的空间和土地供应选择,完善土地功能配置;在实施层面,整合产业与功能分析的成果,指导规划与设计,以及后续的建设实施过程。

4.10.3 城市规划是实现营销的空间布局和用地安排

从另一个角度看,营销的思想通过与城市规划的互动而得到落实,城市规划将营销中确定的各项"产品"逐一落实和体现,就像是企业中"研发部门""生产部门"与"营销部门"之间的关系一样,城市营销负责前期准确的"产品"策划和后期深入人心的"产品"营销与推广,城市规划负责如何研发和制造优秀的城市"产品",共同构成城市营销规划的整合体系(图4-7)。

4.10.4 城市营销与城市规划的协调机制

城市营销和城市规划的协调机制包括了各自的内部管理机制和相互间的交流机制。城市营销的内部管理机制由决策者、管理者、策划者、实施者组成,

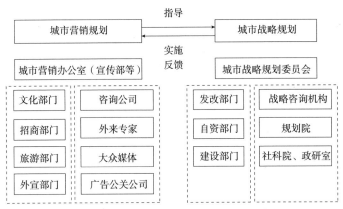

图4-7 城市规划与城市营销的整合体系示意图

这是一个自上而下的垂直管理体系。而城市规划的内部管理机制分为决策者、管理者、规划者、实施者等，协调机制的关键要素是相互之间重要的关系纽带。两个体系中对应的每个管理层级都可以产生互动联系，并且可以跨层交流。在某些特定项目中，两个系统还可以融合为一个系统，组成城市营销规划体系，制定以营销为目标的远景规划，指导城市的未来发展方向（图4-8）。

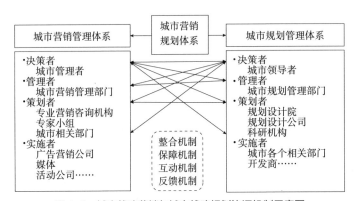

图4-8 城市战略营销与城市战略规划协调机制示意图

4.10.5 城市规划与城市营销的整合机制

城市营销规划体系把城市规划与城市营销融合在一起，分别针对城市软件产品和硬件产品，城市规划为这些产品（特别是硬件产品）提供土地利用、空间安排、服务配套和规划设计指引，引导各种城市开发建设活动，推动最终的项目落地。这一整合构成的完整体系，通过城市营销与城市规划在全过程中的相互影响发挥作用。

针对不同的城市规划与设计层次，营销规划针对的要素有所不同。在制定城市战略规划或总体规划之前，应该对城市未来的发展方向、产业结构、城市特性等要素做出充分的分析，先行制定城市的战略营销规划，至少要明确指出营销导向的城市发展战略目标。据此，城市规划部门制定具体的规划，能避免前期分析的时候过于主观与片面而忽视关注潜在竞争，规避难以预见的风险；在详细规划或城市设计阶段，要借鉴城市营销的研究成果分析判断某一区域的具体优势和需求，寻找合适的产业组成和功能配置等。例如韩国首都首尔市在城市营销战略的整合方面，建立了一个较为完整的规划工作框架，推进该地区的均衡发展以及改善首尔城市生态环境和交通。近年来，首尔分别从人居环境、政府税收、教育文化、产业和城市基础设施这五个方面来推进地区均衡发展。此外，还设立和运营了"地区均衡发展委员会"来制定和协调相关的政策，并聚集专业的科研力量，加大对地区均衡发展的城市增长进行研究。营销规划的成果确保了城市规划的方向，而规划的落实也加快了城市营销目标的实现。

4.10.6 保障机制——城市规划保障城市产品的质量和服务

城市营销制定了城市的产品计划，包括了产业、基础设施、居住环境等，这些产品通过一个个实际项目的实施而实现，包括市场优势开发、公共基础设施建设以及为之谋划的一系列事件活动等，只有实际规划项目的质量得以保证，才能最终拼接而成城市完整的建设远景，实现城市营销的终极目标，如住区项目是市民美好生活的目标，而产业园区项目则是城市产业规划的目标等（案例4-10）。

案例4-10　云南丽江城市营销的保障机制

> 丽江能成为国内炙手可热的旅游目的地，其城市营销以及与之相配合的各类城市关键性开发项目在其中发挥着重要的作用，以古城、古镇、古村、雪山、泸沽湖为城市营销战略的核心，成就了丽江的城市品牌，并通过雪山古城文化体验休闲度假旅游区、民族风情体验旅游区等建设，使城市品牌的内容和城市产品得以固化实现，通过旅游文化项目体现了丽江的文化内涵，被塑造成为丽江的城市产品。

城市规划作为落实城市营销诉求的重要手段，其规划设计质量直接影响着城市营销战略的可实施性，关系着"有形"城市产品的"生产"，并从空间、土地和技术上确保项目的安全，使得城市营销规划的目标得以实现，保障城市有可以营销的优质产品及营销产品的落地实施。反之，如果城市规划未能有效配合营销规划的推进，或者规划设计的品质不够，抑或规划实施过程中出现控制管理问题，都有可能带来城市营销活动的失败，甚至给城市带来负面的影响。

4.10.7　互动机制——城市战略营销规划体系与城市规划体系的互动

城市营销体系分为三个层级：营销战略规划、营销近期规划、营销行动计划，每个层级之间都是层层递进的关系。营销战略规划作为统领整个营销行为的纲领性文件，对营销的方向、目的、产品及目标市场进行战略层级的规划；营销近期规划是在战略规划的指导下对营销的具体任务加以界定，并在此基础上深化营销的战术安排；营销行动计划则是实际的营销行动，通过具体的项目和活动落实各种营销的思路与想法，是营销手段与战役的实施过程。

营销战略规划着眼于城市的长远发展目标，其成果为城市战略规划提供产业、市场等方面的指导，作为城市的空间发展、环境容量、重大设施配置标准等方面规划的基础。实际的操作中营销战略规划分为几个重要的步骤：

①确定城市营销的任务和目标，作为营销战略的基础和出发点，只有在任务和目标明确的前提下，一切营销决策和策略才具有明确的方向和现实的意义。

②分析城市发展状况和实力，主要是分析城市内部的发展状况以及对城市实力进行全面的评估。

③环境和趋势分析，市场环境和趋势分析是城市营销战略的客观依据。

④选择目标市场，根据对城市的总体评估，确定或选择目标市场是接下来营销产品规划的基础条件。

⑤规划城市营销组合，目标市场确定之后，需要根据目标市场的特点和需求来规划营销组合。在此阶段城市营销战略规划对接的是城市的发展战略规划，同属宏观的规划层面，城市营销为城市提供产品规划需求以及营销发展规划，使城市战略规划借鉴城市营销规划的分析与规划成果，审视城市的发展战略方向以及重点项目，并根据规划区域的发展预期，调整战略规划的方向与重点。

营销近期规划是基于城市战略规划的整体要求，进一步明确城市营销的战术安排、任务与阶段性目标，包含了城市产品开发计划、营销宣传计划、城市产品推广计划、城市顾客关系管理系统、调研计划等。城市产品开发就是制定产品的具体开发规划与设计，规划重点建设的城市发展项目。城市近期建设规划将参考城市营销近期规划的内容，结合规划的实际情况，制定城市近期要建设的重要基础设施项目、重点建设项目、城市公共服务项目等，为城市产品提供建设用地范围和布局，为具体的项目进行选址规划，结合营销产品规划的意见推动历史街区、风景名胜区的规划，这一阶段的重点就是要把城市营销的产品规划成果和要求落实到城市建设规划中。

营销行动计划是整个城市营销的实战环节，在此阶段将实际推动城市营销规划安排的咨询工作，包括城市的形象设计、品牌设计、城市产品的开发设计与营销推广等，这个阶段要与具体的城市控制性详细规划、城市设计、修建性详细规划密切联系，重点关注营销如何与控规、修规协调配合，保证城市产品如城市重点项目和重点区域、住区、城市公共活动中心、城市更新与历史保护的规划得以合理编制及实施。这些营销规划所确定的产品经过物质性规划与设计的精心打造，才有可能成为城市营销所定义的最终"有形产品"，使这些城市营销的战略目标一一得到落实，使个体项目的营销推广与整个区域乃至城市的营销推广紧密结合起来，完成营销从规划到实施与城市规划的全周期互动。

4.10.8 反馈机制——营销行动计划效果反馈调整城市战略规划

营销行动计划作为城市营销的实战环节，是检验营销规划与城市规划效果最直接的过程，实施的好坏能最直接地让管理者和规划制定者掌握市场的最新反应，通过这一反馈机制帮助城市规划与城市营销的决策者全面评估营销行动计划的效果，分析规划中出现的问题、了解最新的市场需求，在制定战略规划时根据实施效果和市场情况的变化，及时调整思路和规划制定的内容。例如规划中建议城市重点发展休闲旅游，但是在营销的行动阶段，发现真实的市场需求并不很大，这一反馈的结果提示应及时调整相应的计划，避免真正投资建设项目之后，造成城市相关市场的供过于求。适时地根据营销对市场的监控灵活调整规划内容，这将帮助城市形成抗击市场冲击的能力。

4.11 小结

经济体制改革是全面深化改革的重点，要使市场在资源配置中起决定性作用，更好地发挥政府作用。建立城市营销与规划的协调机制，能够使城市充分地了解和尊重市场的发展趋势，满足资源持有者的硬件与软件需要。如此，才能适应决策方（城市决策者）、投资方（资源拥有者）、消费方（市民和旅游者）的共同需要，吸引和引导市场资源的投向，加快城市发展与建设步伐，竞得发展的宝贵机会。

5 产业策划

城市与产业本为一个不可分割的整体，理想的城市应是产业功能与空间形态的完美结合，产业功能为城市提供持续的生命力，城市空间布局是产业发展的基础。但是在目前的学科分类当中产业经济与城市规划仍被划分为独立的学科，在城市的发展规划制定工作中二者也是分别由不同的部门承担。从理论方法到实践应用的分离，造成了城市空间布局与产业功能在时间和空间上的不匹配。

本章通过分析传统产业规划的内容和方法，总结在具体实施过程中出现的各种问题，并为了满足城市和产业发展的需要，从人的需求出发，提出了产业策划与空间策划融合的概念。从产业策划对于优化资源配置、支撑城市发展、落实产业规划以及协调城市空间发展战略产生的作用，进一步论证产业策划的必要性，并且根据空间范围和对城市经济影响程度的不同对产业策划进行分类。最后，基于产城关系视角分析产业策划的作用机制，提出产业策划的思路和实施步骤，从产业的角度策划城市的发展，将城市空间的规划与建设，与产业发展有机地结合在一起，更好地协调空间与产业、经济的关系。

5.1 产业和产业规划面临的挑战

产业在不同的学科领域当中的意义各不相同，在政治经济学领域中，产业主要是指工业；在法学领域中，产业的含义是私人的财产，主要是指不动产，包括土地、房屋和厂房等；在传统经济学理论中，产业是指进行物质生产的部门。产业在经济学领域中的含义不是一成不变的,而是随着经济社会的发展不断注入新的内涵。

产业策划中的"产业"具有其特定的含义,是指按照社会分工的原则,具有某种相同属性的企业经济活动的集合体,是社会分工和专业化生产的产物,是社会生产力发展到一定阶段的必然结果。产业是国民经济的重要组成部分,在国民经济中的作用是生产物质产品和提供服务。产业是一个中观经济的概念,介于微观经济和宏观经济领域之间,微观层面的经济单位包括企业和消费者,宏观层面的经济单位是整个国民经济,产业作为中观经济单位,串联起微观和宏观经济单位,对整个城市经济的发展起到决定性的作用。

5.1.1 产业规划相关内容

规划是指个人或组织为某项事物的发展制定的长远的计划。"规划"与"计划"最初在意义上相近,在使用上并没有作出明确的区分。中国早期的政策性文件中,多用"计划"一词,国民经济和社会发展的前十个五年计划纲要当中都是使用"计划",直到2006年出台的第十一个五年规划纲要中才改为"规划"。现在"规划"一词常包含长期性、战略性和整体性的意义,因此在国家和城市政策性文件中被普遍使用。

我国的产业规划理论和实践研究始于20世纪90年代,孟庆学、朱乐尧率先对产业规划进行了系统的研究[1],在此之后胡建东[2]、唐华茂[3]、孙明芳和王红扬[4]、吴扬和王振波[5]、马涛[6]、达婷[7]、吴建伟和毛蔚瀛[8]等都对产业规划从各自不同的侧重点展开研究。目前在国内学术界还没有对产业规划作出统一的界定,其他国家对于产业规划的理论研究也比较少,通常把产业规划作为政

---

[1] 孟庆学,朱乐尧.产业配置经济学导论(理论、方法和模型)[M].大连:东北财经大学出版社,1991.
[2] 胡建东.城市产业经济与城市规划关系初探[J].上海市城市规划,1999,6:15-21.
[3] 唐华茂.未来产业政策实践中应注意的问题[J].北京商学院学报(社会科学版),2000,15(5):26-29.
[4] 孙明芳,王红扬.产业规划的理论困境及其突破[J].河南科学,2006,24(1):149-152.
[5] 吴扬,王振波,徐建刚.我国产业规划的研究进展与展望[J].现代城市研究,2008,01:6-12.
[6] 马涛.产业规划:城市产业用地集约利用实现途径及其经济机理分析[J].上海交通大学学报(哲学社会科学版),2008,6(16):75-80.
[7] 达婷.城市化背景下城市规划与产业规划的互动关系[J].山西建筑,2008,34(12):63-64.
[8] 吴建伟,毛蔚瀛等.大规划:城市与产业[M].上海:同济大学出版社,2009.

府对产业发展进行引导的一种方式。

虽然没有明确统一的定义，但是目前对于产业规划公认的理解为：产业规划是在综合考虑城市资源条件和经济发展现状的基础上，对产业发展方向、产业布局和产业结构等方面进行统筹安排和计划，提出发展目标和实施措施。具体来说，就是规划制定主体从城市发展背景、产业发展现状出发，预测产业发展趋势，提出产业定位，制定目标体系，对于重点发展领域、产业发展规模、产业结构调整、产业要素配置等进行统筹布置和安排，描绘了一幅产业发展蓝图。按照我国现行的规划体系，产业规划属于专项规划的范畴，对于城市和区域经济发展具有重要意义。在产业规划制定的过程中，从规划目标到最后产业规划战略的制定都需要对相关理论有所了解（图5-1）。

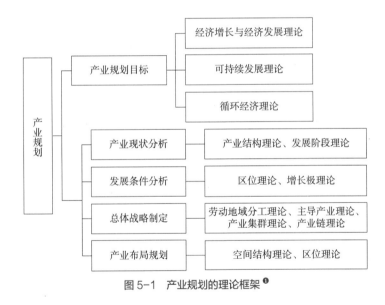

图 5-1　产业规划的理论框架 ❶

应在具有理论支撑的基础上，进行相关的分析和研究。产业规划理论还可以从产业的结构、空间、时间、生态和政策属性的角度进行分类，形成产业规划的理论体系（表5-1），对产业规划的制定进行科学的指导。

---

❶ 引自：李云. 城市规划中产业规划的导向作用研究——以包头市为例 [D]. 杭州：浙江大学，2008.

产业规划理论体系表[1]　　　　　　　　　　　　　　　　　　　　　　　　　　表5-1

产业属性	产业理论	理论组成
结构属性	产业结构理论	产业结构演变理论、主导产业理论
	产业组织理论	结构主义、行为主义、规模经济理论
空间属性	产业空间布局理论	产业分工理论、产业区位理论、产业集群理论和产业空间结构理论
时间属性	产业时序演进理论	产业生命周期理论、产业链理论
生态属性	产业生态理论	产业生态化相关理论
政策属性	产业政策理论	产业政策相关理论

5.1.2 产业规划规范方法

在现行的城市规划体系中，产业规划一般是在宏观层面上对城市或区域的产业发展作出总体的部署，它的制定需要按照规范的方法来进行。

首先对城市或区域进行现状分析，分析的重点是经济发展阶段和产业结构现状，指出在产业发展中存在的问题，并且对产业发展趋势进行预测。接着站在更宏观的角度，分析全球和区域的产业转移、产业分工与合作，根据当地的发展条件，包括经济区位、自然禀赋和产业基础等，分析产业在未来发展中具有的优势、劣势，以及可能遇到的机遇和困难。然后在现状和发展条件分析的基础上，制定产业发展总体战略，在产业结构、产业组织和产业分工等方面提出具体的实施措施，选择城市或区域的主导产业和优势产业，集中力量优先发展这些产业。最后提出产业的空间布局规划，形成"点、轴、圆、片、带"的空间布局结构，实现功能分区和产业布局的合理化。确定各区产业功能和发展规模，引导同一类型的产业在空间上的集聚，推动产业集群的形成（表5-2）。

产业规划的基本程序[2]　　　　　　　　　　　　　　　　　　　　　　　　　　表5-2

程序	基本内容
1. 现状分析	主要分析内容为产业阶段和产业结构，并以"三二一"结构及向其演变的进程作为产业状态的评判标准

---

[1] 引自：曹林. 区域产业发展规划理论与实例 [M]. 北京：社会科学文献出版社，2014.

[2] 引自：李云. 城市规划中产业规划的导向作用研究——以包头市为例 [D]. 杭州：浙江大学，2008.

续表

程序	基本内容
2. 发展条件	分析全球区域产业规模梯度转移、上级或周边城市产业外迁、区域政策、本地区位、土地、人才、产业基础等
3. 总体战略	确定产业结构升级、中心服务能力提升、区域协作、产业组织集群化、生产方式高技术化和生态化等总体战略，选择主导产业或优势产业
4. 产业布局	基于产业布局现状和集聚、规模效应等，提出"点、轴、圆、片、带"等总体构架

5.1.3 产业规划的主要挑战

随着城市社会经济的发展，对产业规划的要求越来越高，传统的产业规划难以为城市与产业发展过程中出现的各种问题提供有效的解决方案。在实际操作过程中暴露出一些问题与不足，主要体现在：

（1）忽视产业与城市的关系。在制定产业规划时没有充分考虑产业与城市的关系，产业规划目标不符合城市发展阶段和发展规律。又由于产业规划和城市规划在学科设施、制定主体、研究重点和法律依据上的相对独立，使得产业规划出现脱离城市规划的现象。如果没有对产城关系进行深入的研究，忽视产业与城市之间的相互作用，会造成产业与城市发展的不协调，具体表现为产业规划发展目标脱离实际而太过于超前，城市目前实际的发展条件不能支撑该产业的发展；或者是在产业的选择上没有考虑城市具有的资源条件，不能发挥相对优势，在产业发展中很难获得竞争力；也可能表现为产业布局与城市整体的空间规划相违背，不符合城市功能分区规划，导致产业布局不合理，产业发展受阻，与周边区域的互动关系较差，难以实现对城市经济的带动作用。

（2）理念落后，对具体实施的指导性较差。产业规划一般是研究城市或区域宏观层面的产业发展，制定的目标体系也比较宏观，大多只是描述产业结构、产业功能和产业布局要实现一个怎样的结果。提出的实施措施也是偏向于政策性，比较空泛，对具体项目的实施不具有指导性。现行的产业规划大多是根据传统的计划安排思路，按照规范方法来编制，这使得最终提交的成果在形式上比较完整和规范。但是正是由于传统产业规划研究的方法、形式和内容都比较固定，导致其缺乏根据具体项目特点进行的深入分析，也就不能针对具体问题提出可行的实施方案，最终导致产业规划的可操作性较差。

（3）研究深度不够，缺乏落实机制。产业规划在时序上是先于城市规划，为其提供思路和依据的战略性规划，还是后于城市规划，为其提供落实保障的策略性规划，始终未有定论。同时，产业规划既没有刚性的约束条件，又缺少落实保障的机制，所做的工作也只是停留在表面，流于形式，对城市的整体发展和空间配套缺乏系统而深入的研究，现实作用也比较有限。

5.2 产城关系

城市发展是一个复杂的社会和经济现象，产业与城市发展具有密切的关系，产业结构反映了城市发展所处的阶段[17]。随着城市的发展，产业结构逐渐实现升级，在就业人数的总量当中，第一产业和第二产业的占比逐渐下降，第三产业占比上升，呈现出第三产业＞第二产业＞第三产业的特征。就业人口由从事第一产业向从事第二、第三产业转化，实现了农业人口向非农业人口的转变，从而推动城镇化的进程。处于前工业阶段的城市，第一产业从业人数比例达到了80%以上，而到了后工业化阶段，从事第三产业的人数已经超过70%（表5-3）。由此可见，产业发展与城市发展密不可分。

产业结构与城市发展关系表❶　　　　　　　　　　　　　　　　　　　表5-3

特征	阶段	前工业化阶段	工业化阶段			后工业化阶段
			早期	成熟期	后期	
从业人数比例	第一产业	>80%	由80%降至50%	由50%降至20%	由20%降至10%	<10%
	第二产业	<20%	由20%升至40%	50%左右	由50%降至25%	<25%
	第三产业	<10%	由10%升至20%	由20%升至40%	由40%升至70%	>70%
非农业人口/总人口		<20%	由20%升至30%	由30%升至50%	由50%升至70%	>70%

---

❶ 引自王磊.城市产业结构调整与城市空间结构演化——以武汉市为例[J].城市规划汇刊，2001（03）：55-58.

在城市发展中，产业与城市相互作用、相互影响，产业为城市提供持续的生命力，城市空间是产业发展的基础❶。产业是城市经济发展的基础，产业的生产活动为城市提供丰富的产品和服务，为城市创造经济效益，提供就业岗位，促进城市人口的集聚，为城市发展注入活力。城市为产业提供外部发展条件，包括土地、厂房、配套基础设施等，在产业发展的过程中发挥载体和支撑作用。如果城市缺乏产业活动，将丧失持续发展的动力，丧失对人口的吸引力，最终成为"空城"和"死城"，城市发展陷入危机❷。如果产业没有城市作为依托，不具备发展所需的外部条件，目标愿景再美好也将终成幻影，无法实现。

产业与城市相互促进、相互影响、联系紧密，因此产城关系发展的趋势是促进产城融合❸。产城融合就是通过一系列发展措施，实现产业与城市的融合发展。在产业和城市的发展中，要注重两者之间的相互作用关系，产业定位要符合城市发展现状，使产业能够获得外部发展要素的支撑，同时产业经济的发展又可以带动城市的发展❹；城市发展要考虑产业的导向作用，在进行城市空间规划布局时，统筹考虑产业发展，为产业提供发展条件。通过协调产业与城市发展的关系，实现产城融合发展❺。

所以，在对产业进行规划时要深入分析产城关系，以产城融合发展为指导，对城市和产业进行功能上的协调和空间上的整合，加强产业功能与城市其他功能的融合，与周边区域的联系更加紧密，优化产业空间布局，实现城市土地集约化利用。

5.3 为什么需要做产业策划

5.3.1 优化资源配置的需要

资源是社会经济发展基本的物质条件，有狭义和广义之分。狭义的资源

---

❶ 李守旭. 以产促城 产城融合——新型城镇化背景下的产城关系初探 [J]. 中国勘察设计，2014，04：40-43.
❷ 贺传皎，王旭，邹兵. 由"产城互促"到"产城融合"——深圳市产业布局规划的思路和方法 [J]. 城市规划学刊，2012，5：30-36.
❸ 王惠. "产业融合"与开发区优化发展——以昆山开发区为例 [D]. 上海：华东师范大学，2015.
❹ 李庆. 在新型工业化进程中改进产城关系 [J]. 中国发展观察，2015，11：53-55.
❺ 周丹，令晓峰，侯智珩. 开发区发展初期产城关系的实证研究——以新疆准东经济技术开发区为例 [J]. 城市发展研究，2013，06（20）.

主要是指自然资源，是在自然界中天然存在的，包括水、土地、动植物、矿产资源等。广义的资源是指自然资源和经济资源的总和，除了上述自然资源包括的类型外，还包括对人类社会有用的经济物品，主要有物质资源、能量资源、人力资源，还有随着社会经济发展引申出的知识资源、金融资源等。资源配置是经济学研究领域的核心问题，它的产生源于资源的相对稀缺性，与人类无限的需求相比，用以满足人类需求的资源是有限的，呈现出相对的稀缺性，所以需要将资源有效分配到各个领域中，提高资源的利用效率，利用有限的资源实现最大的效益。

资源配置直接影响经济的发展，因此优化资源配置显得格外重要。优化资源配置简单来说就是为了更好地利用资源，推动经济的发展。市场是优化资源配置的有效手段，但是市场对于资源配置的有效性在社会主义市场经济下不能完全实现，由于市场信息不完善、竞争不充分，加之外部因素的影响，使市场机制出现滞后性，导致资源配置不合理，造成资源利用效率低下、产业结构不合理，产业发展受阻。因此需要政府通过一定的手段进行干预，弥补"市场失灵"，以优化资源配置。产业策划是政府干预资源配置的重要手段，通过确定产业定位，优先发展重点产业，引导资源在空间和时间上进行合理的配置。在空间上，产业策划引导资源在不同区域或不同产业类型之间进行最优配置；在时间上，根据产业发展规律，实现资源在产业不同发展阶段的最优配置，将资源配置给最需要的时段，提高资源利用效率。

5.3.2　城市持续发展的需要

很多城市不考虑有效需求，盲目地进行大规模建设，出现大量的住宅、厂房、工业园区空置，导致城市深陷"空城危机"。城镇化本应是经济社会发展的自然结果，这些城市以大规模的超前建设来推进城镇化，为了建设而建设，是一种因果倒置，不符合城市发展规律。这种盲目的建设没有考虑对项目进行必要的产业配置，导致缺乏产业支撑，对人口、资源和各项经济活动不具有吸引力，最终导致城市发展动力不足。

在进行城市开发建设时，如果缺乏合理的产业策划，那么新项目就只是一个短期的建设项目，不能充分发挥其经济价值和社会价值。产业策划是贯穿于整个城市开发策划过程中的，在城市开发策划前期，从产业发展的角度对城市的地理区位、资源禀赋、产业现状进行分析，综合城市空间布局趋势和整个城市未来发展方向提出产业发展的目标定位。该目标不仅符合城市发展阶段，而且还符合产业对于地理区位选择的规律。产业策划最重要的部分是提出实现目标的具体措施，产业策划的目标最终是由投资者、企业和个人的经济活动来实现的，所以需要以产业的角度，在城市产业策划中对基础设施、政策条件、市场环境、运营方式等进行考虑，以满足产业发展的需求。产业策划对城市开发建设项目进行合理的产业引导，为其注入产业内涵和经济价值，使城市发展获得持续的动力。

5.3.3 落实产业规划的需要

传统的产业规划更注重构建一个完整的目标体系，提出的实施措施偏向于宏观性和政策性的措施，为实施提供了一个大致的方向，并没有对如何实现产业规划目标提出具体的指导性措施。产业规划的研究范围一般比较大，研究主要集中在产业发展的宏观层面，缺乏具体产业的发展策略和实施计划，特别是缺少与空间配置的密切互动，因此产业规划在空间上的可实施性较差。产业策划可以作为产业规划的补充，既要制定具体的实施策略和行动方案，更要与空间布局相结合，衔接规划制定和项目具体实施的中间过程，使产业规划得到具体的落实。

与此同时，产业策划在调查、分析、定位步骤中所做的工作为后期产业规划的制定提供了依据和指导，使下一阶段产业规划在充分分析现状的基础上，能够更加符合城市发展的需要，增强产业规划的可实施性。

5.3.4 与城市空间发展战略协调的需要

城市规划是综合考虑城市的自然资源、人文资源和经济发展状况等客观条件，对城市土地利用、空间结构、功能布局等进行的综合部署，保证城市功能的稳定协调，城市发展有序进行。产业规划是基于发展现状，对城市产业发展定位、产业结构、产业功能布局等进行具体的规划安排，提升城市的产业竞争力。由于两者都是从各自不同的专业领域角度出发，导致城市规划和产业规划在目标体系、规划主体、规划方法和侧重点方面出现诸多不同。又由于学科设置、管理体制和法律规范等方面的原因，使得城市规划和产业规划相对独立，缺乏配合与协调。具体表现为城市产业发展忽略了城市空间规划的约束，城市空间难以支撑产业的发展。而在制定城市空间规划时又没有为产业发展预留足够的空间，产业功能用地挤占其他城市功能用地，导致城市产业布局失衡，城市功能分区不清晰。

产业发展规划最终是要落实到空间布局上，当前城市规划忽略城市产业规划的导向作用，造成城市空间和产业功能不匹配。产业策划在城市发展过程中基于产业的角度，对城市空间形态和产业功能进行综合分析，在考虑城市整体功能布局的基础上，对产业发展进行策划。在产业策划过程中，建立完整的评价与反馈体系，对产业策划与城市空间发展规划中出现的不匹配问题及时进行修正。

5.4 产业策划的概念

基于对现行产业规划和产城关系的研究，为了实现产业与城市的协调发展，本书提出了产业策划的概念。

产业策划是指在考虑城市发展现状和产业发展前景的基础下，运用相关产业经济学原理，以产业发展为主线，对城市空间形态和产业功能进行的综合性策划。在城市发展过程中基于产业的角度，分析项目的经济地理区位，确定产业发展定位，在考虑城市整体功能布局的基础上，进行产业选择，配置功能业态，为城市发展注入产业支撑和经济支持。

5.5 产业策划需要弄清的问题

5.5.1 产城关系的基本理论和基本问题

产业与城市具有一定的双向因果关系：产业竞争力是城市发展的动力，缺乏产业支撑的城市将丧失活力；城市为产业发展提供载体，没有城市的支持，产业将失去持续成长的生命力。理清产业与城市的相互作用关系，是进行城市产业策划研究的关键。

5.5.2 产业策划的概念界定和作用机制

产业是城市赖以存在和运转的生命线，也是城市社会经济质量提升和地域范围扩张的动力，现代城市规划的主线是产业的构成和发展方向，任何产业都需要占据一定的空间，并且与相关产业在地理分布上呈现集聚的现象。伴随着产业链和产业集聚，城市形成一个个功能区。产业策划需要对城市的产业发展进行预测和判断，通过整体规划实现资源的优化配置，使城市得到更好的发展，最终实现城市空间形态与产业功能相匹配的状态。

5.5.3 产业策划的一般策划过程

虽然在城市的兴起和发展过程中，城市的规模、区位、经济要素积累程度、自然条件、文化等社会因素不尽相同，但是还是可以提出一套共同的原则来进行城市的产业策划，如产业策划应当有助于城市产业专业化分工合作，提高产业附加值，促进就业和完善城市功能，与城市空间形态与产业功能协调发展。产业策划的一般过程包括：城市资源分析、产业发展能力分析、产业功能定位、发展规模预测、项目具体实施、评价与反馈、策划的调整等。

5.5.4 城市不同层次的产业策划

本书主要从三个层次进行产业的策划分析（图5-2），分别是城市产业发展策划（宏观城市层面）、产业园的功能分区和空间布局（中观园区层面）、城市产业综合体的功能业态和产业配置（微观项目层面）。

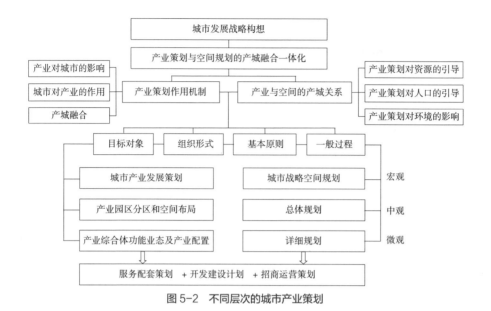

图 5-2 不同层次的城市产业策划

5.6 城市产业策划的层次

根据空间范围和对城市经济发展影响程度的不同，产业策划针对的对象分别是宏观的城市、中观的产业园以及微观具体的产业项目，为促进城市产业经济与社会的协调发展，为城市开发建设项目注入产业支撑，自上而下贯彻城市产业发展的战略、战术和实施策略，通过产业功能选择、产业结构优化、产业服务配置、产业空间布局等手段，来实现城市开发建设的经济价值，从而带动城市经济发展。

5.6.1 宏观层次：城市产业发展策划

宏观层面产业策划的对象是整个城市的产业发展，通过对城市产业的调查研究，分析区域产业现状，对产业发展趋势进行预测，从而制定城市产业发展策划。城市产业策划的决策会影响不同产业的区位选择和建设规模，并对企业产生直接的影响。目标是引导城市产业发展，使城市产业功能结构和产业空间布局合理化，完成必要的产业转型升级和产业结构优化，提升城市产业竞争力，促进城市经济的发展。城市产业策划是站在整个城市的角度，对产业发展进行统筹安排，对城市的资源优势、产业基础、竞争态势和相关政策进行研究，分析产业转移、产业升级给城市带来的机遇，对产业投资热点和产业前景进行预测，确定城市产业未来发展方向。主要内容包括城市产业转型升级、产业结构优化、产业发展规模的确定和产业的空间布局，最重要的部分是在操作层面提出具体的措施，以实现这些策划目标。同时在策划过程中注重与城市开发策划中城市空间发展战略的协调，使城市产业策划具有可实施性，为城市决策者进行进一步的产业决策提供依据和指导。

5.6.2 中观层次：产业园区策划

中观层面产业策划的对象是产业园区，重点研究产业园区的开发问题，包括产业定位、功能分区和空间布局、产业配套、园区运营等。产业园区是城市为了促进某一产业或关联性产业群发展，统一进行规划的城市经济片区，园区鼓励特定行业或形态的企业入驻，由产业园区专业管理组织进行统一开发、建设和管理，为企业提供配套基础设施、优惠政策、金融信息平台等服务。产业园区使关联企业在空间上进行集聚，为其提供资源共享的平台，降低企业运营成本，加强企业间的交流与合作，有效地促进了产业链的完善和产业集群的形成，成为城市新的经济增长点，在城市经济发展中发挥越来越重要的作用。虽然产业园区大小不一，但是要满足相应功能和一定的产业链完整度，园区占地通常都会达到10平方公里以上的规模。

建设产业园区已经成为城市推动经济发展的主流趋势，但是不可否认的是一些产业园区出现了"有园区，没产业"的现象，企业入驻率低，企业经营不善亏损严重，最终导致产业园区的闲置，造成了资源浪费。究其原因，是没有对产业园区进行合理的产业策划，主要表现在以下四个方面。第一，产业定位不清晰，主导产业不明确。产业园区建成初期为了吸引企业入驻，园区设置了较多种类的主导产业，不同行业、形态的企业纷纷入驻，最终导致园区产业类型不集中，主导产业不明确，缺乏功能分区，优质资源难以集中配置，产业园区核心竞争力不强。第二，产业选择不符合城市发展阶段，不具有产业基础以及产业发展所需要的条件，并且城市发展战略中也没有为配备相关条件作出计划。第三，产业相关度低，产业链不完整。由于产业定位不清晰，导致园区内企业类型差别较大，产业相关度低，没有根据完整产业链的要求引入相关上、中、下游企业，导致园区内产业链不完整。产业之间的关联性和互动性不强，难以发挥规模效应和集聚效应。第四，产业配套服务业欠缺，产业园区过分注重发展核心产业，而忽视了相关配套服务业的培育。这些企业为园区内核心企业的生产、经营、销售等环节提供各种服务，包括金融保险、广告、营销、咨询、信息和中介服务，以及必要的生活配套等。

产业园区开发建设规模大、参与主体多、生命周期长、投资风险大，对城市经济社会发展影响较大，需要科学合理的产业策划为其提供持续的经济活力和发展动力。产业园区策划是在分析产城关系的基础上，挖掘现有资源，提出符合城市发展现状的产业定位，确定园区主导产业，根据构建完整产业链的原则引进相关企业，配套产业服务企业，促进功能分区和产业布局合理化。

5.6.3 微观层次：产业综合体项目开发策划

微观层次的产业策划主要针对具体项目进行。城市产业综合体是比产业园区的面积和规模更小的城市经济增长点，通常位于城市已建成区，占地面积相对较小，分布较分散。除了商业以外，配置的产业类型大多位于产业链高端的位置，以生产性服务业为主，以人力资本和知识资本为主要的投入品。依托城市和区域经济发展战略，符合城市整体的产业发展方向，以高成长产业聚集为核心❶，融合科研、办公、会展、会议、酒店、居住、休闲等功能，提供全方位的产业生态环境服务平台，形成相互依存、相互助益的具有强烈都市意象的产品形态。

---

❶ 史波涛.从"产业园区"到"城市产业综合体"——天安数码城进化之路[J].中国投资，2013（12）：87-89.

城市产业综合体融合产业、商务、交流、生活于一体，以企业、员工及企业家为中心，用多元复合功能构筑产业综合体特有的社会体系，使之成为产业集聚、人才集聚、商务金融集聚、信息服务集聚的企业圈和高品质生活圈，从而实现了与城市经济生活的无缝对接，真正融入了城市核心功能。城市产业综合体以科技产业大厦、总部、企业展示中心、商业街区、企业会所、公寓、住宅为主要建筑形态，入驻企业主要是总部企业、高新技术企业、创意企业、绿色低碳企业、生产性服务企业，呈现出物业形态多样性、功能复合性、产业融合性等特征。

微观层次的产业策划，需要为产业综合体进行产业类型的选择，确定业态和功能配比，选择合适的投融资模式。对产业综合体的开发建设进行经济测算，通过相关财务分析，预测成本与收益，选择最佳的策划方案，确定最终的产业功能配比和发展规模。通过产业策划可以实现产业综合体的经济价值，成为城市新的经济增长点，发挥对人口和资源的聚集能力，从而带动整个城市的经济发展。

在对城市产业综合体进行产业策划时，要重点分析市场需求，制定差异化定位策略，提升产业综合体的市场竞争力；协调与周边区域的关系，在不损害邻近区域利益的前提下，加强在功能和空间上的联系，实现和谐发展；加大科技研发的投入，引进技术、人才，促进高端产业形成和发展，建设智慧型城市产业综合体，提升城市形象和城市品位；建立运营机制，在企业入驻之后，还需要进行管理和运营，以确保城市产业综合体获得持续的发展动力。

5.7 产城关系视角下产业策划的作用机制

5.7.1 产业策划对资源配置的影响

（1）在空间上对资源的引导

产业策划对资源的流动和配置具有引导作用，这里提到的资源是指广义的资源，通常被称为经济资源或生产要素，包括土地、资金、技术、人力资源等。

产业定位和产业布局引导资源在空间上的流动，实现在空间范围上的有效配置。产业策划首先分析区域产业经济现状和发展战略，明确区域间的竞争与合作关系，在充分发挥相对优势的基础上，进行区域产业分工，通过制定相关的发展措施，吸引投资、人才、技术等，对资源在空间上的配置进行引导，有利于重点产业的发展。

经济资源中来自自然界、未经过人类加工制造的资源被定义为自然资源，它是自然界中天然存在的，在一定社会经济技术条件下，能够产生利用价值，既是人类赖以生存的物质基础，又是生产的原料来源、燃料来源和产业依托的空间场所。应在保证生态经济系统平衡的基础上，结合区域特点和产业发展需求，对自然资源在不同空间区域进行合理的分配和利用，提高自然资源的利用效率，以最少的资源利用实现经济效益和社会效益的最大化，减少产业发展给自然环境带来的负面影响，实现环境可持续发展。

经济资源除了自然资源以外，还包括来自人类社会的各种资源，主要包括人力资源、信息资源、金融资源和知识资源等。产业策划是在调查分析之后，对产业发展进行定位，然后提出具体的实施策略，其中包括制定支持重点产业发展的政策文件，为企业的投融资、人才吸引、创新研发、培训咨询等提供优惠政策，还包括完善基础设施建设和产业配套服务，为产业发展提供良好的外部条件。

通过产业策划的系列措施，可以为城市空间规划提供资源配置的依据，以及配套服务的需求，从而引导资源在空间上的有效配置。

（2）在时间上对资源的引导

由于产业的发展是一个动态变化的过程，在产业不同发展阶段对资源的需求是不同的，因此需要及时调整资源的配置情况，既保证产业发展的需要，又确保资源的高效利用，将资源浪费降到最低。产业策划在时间上对资源配置的引导是通过制定具体的产业发展策略和合理的开发时序来实现的。在时间上，根据产业发展的次序，将资源集中配置给优先发展的重点产业，按照产业发展规律，实现资源在产业不同发展阶段的最优配置，将资源配置给最需要的时段，提高资源利用效率。

（3）在产业类别上对资源的引导

产业之间的竞争主要体现在两个方面：一方面是对市场份额进行争夺，另一方面是为获得区域内有限的资源进行竞争，产业在资源竞争中如果能处于优势地位，产业得到快速发展，那么就能够获得更大的市场份额，所以产业之间竞争的核心是对于资源的竞争。产业策划是在合理分析的基础上，确定项目适合发展的产业类型，将资源优先配置到重点发展的产业部门，对于项目不适合发展的产业类型，比如处于产业结构的最低端、对环境影响大的产业，产业策划需要通过有效的安排，对资源配置进行引导，将资源配置给最适合的产业类型，从而实现不同部门间资源的最优配置。

5.7.2 产业策划对经济发展的作用

产业策划通过对产业定位、目标和实施的科学谋划，引导经济资源的有效配置。通过城市产业策划，优化产业结构和产业布局，为城市发展注入产业支撑；通过产业园区策划，使企业在空间上进行集聚，形成产业集群，构建完整的产业链，发挥规模效应和集聚效应；通过产业综合体策划，进行功能定位和产业配置，实现项目的经济效益。不同层面上的产业策划通过产业功能、规模和布局来引导生产要素的配置，提升产业发展水平，增强产业竞争力。

产业是社会经济的重要支撑力量，产业策划通过影响产业的发展，来推动社会经济的发展。城市经济发展的核心是产业的发展，离不开产业策划的统筹协调。推动城市或区域经济发展，除了厂房、设备、道路、绿化等建设，最核心的是基于产业发展现状和外部条件，对产业发展进行科学合理的策划。

5.8 产业策划的组织

产业发展决定了城市的核心竞争力，产业策划为城市产业提供具体的发展策略和指导，是城市获得持续生命力的重要手段，在城市发展中发挥着越来越重要的作用，因此对于产业策划也有了更高的要求。为了使产业策划具有科学性、合理性，保证策划工作的质量和进度，需要制定高效可行的组织和管理机制。

战略层面的城市产业策划，通常由政府进行主导，而中观层面的产业园区策划和微观层面的产业项目策划，一般由开发建设单位进行主导，政府或开发建设单位建立产业策划项目领导小组，对项目中的重大事项进行决策判断，统筹和领导整个项目的开展，然后委托具有相应资质和能力的专业产业策划机构来进行。政府或开发建设单位在选择策划机构时要对其专业能力进行评估，优先选择在产业策划相关领域有过项目经验、策划研究团队人员专业能力较强的策划机构，研究团队中应该包括产业经济、区域经济、营销招商、城市规划等方面的专业人员。在选定了策划机构之后，项目的委托方要向受托方说明项目产业策划要实现的目标，双方进行充分的交流，明确各自的任务和职责。委托方要为受托方提供项目的基础资料，配合策划工作的开展，同时还需要对项目进行整体的把控和监督，受托方要按照双方签订合同中的约定按时、按质、按量完成策划任务。成立项目专家组，审查实施方案，提供技术指导，参与项目的中期评估和终期评审。还可以根据需要建立产学研联盟，在策划实施过程中发挥作用。在实际项目的操作中，需要根据项目的需求和特点对产业策划的组织形式进行灵活地选择。

5.9 产业策划的步骤

城市产业策划作为城市发展策划的一部分，可以将策划过程分为调查、分析、定位、实施和评价五个主体部分，并根据产业策划的研究重点，对框架进行补充和完善，形成完整的产业策划步骤框架（图5-3）。

5.9.1 调查

（1）相关各级战略解读

1）国家战略解读。城市和区域的产业发展是置于国家整体产业发展格局当中的，因此城市的产业策划必须符合国家产业发展战略的大方向。比如

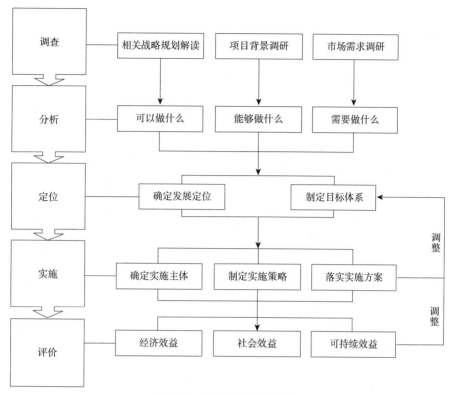

图 5-3 产业策划的步骤框架

在国家"十四五"规划纲要中就对战略性新兴产业的发展作出了规划，提出要加快壮大新一代信息技术、生物技术、新能源、新材料、高端装备、新能源汽车、绿色环保以及航空航天、海洋装备等产业。明确了构建战略性新兴产业增长引擎，培育新技术、新产品、新业态、新模式。"十四五"规划不仅明确了重点产业的类型，还对产业空间布局、区域间的协调发展作出了统筹的安排，提出了东、中、西部各自的产业发展方向，以及经济区和经济带的产业空间格局和功能定位。解读国家战略，把握国家产业战略规划的趋势，能指导目标区域的产业格局和定位。

2）区域战略解读。主要指产业策划目标区域所处的省、市、区（县）的产业战略，或者是所属经济区、经济带或城市圈、城市带的产业战略。区域产业战略是根据对一定区域内经济、社会发展状况的研究，分析区域内部的关系，对区域内的产业发展进行全局性、长远性的谋划，目的是在区域内实现产业的协调发展。协调发展并不代表是完全均衡的发展，而应该是根据区域内不同片区的资源禀赋、经济社会环境和产业基础而作出的全局谋划，在区域内部进行产业分工，明确发展重点，发挥其带动作用。区域产业战略引导区域产业进行分工和转移，从而推动区域合作，提升整个区域的产业竞争力❶。解读区域战略，明确产业策划目标区域在整个区域中承担的产业分工和竞争优势，将为产业定位提供理论基础和政策支撑。

3）相关产业解读。进行城市产业策划，还必须了解相关产业的发展历程、产业特点和发展趋势，使得之后的分析和决策符合特定产业的内在发展规律。此外，还需要了解特定产业对外部条件的要求，包括自然条件、社会条件和经济条件等。相关产业解读还需要明确产业链的构成，调查处于不同产业链环节的企业的主营业务和主要产品，为产业发展配备相关服务企业，以利于产业链的完善。相关产业的解读，使产业策划的决策不仅考虑城市发展需要，还符合产业本身的发展规律。

上述产业战略解读用于进行产业筛选分析（图5-4）。

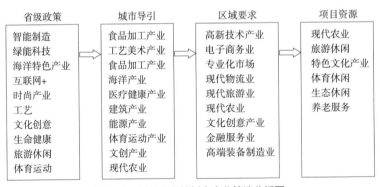

图 5-4　某地产业策划中产业筛选分析图

---

❶ 吴建伟，毛蒋瀛，等. 大规划：城市与产业[M]. 上海：同济大学出版社，2009.

（2）产业发展背景调研

在解读了相关战略政策，了解了国家和区域产业发展大方向之后，需要对城市产业发展背景进行调研。产业发展背景包括城市资源条件和产业发展能力，是决定产业策划是否具有可行性的重要影响因素。

1）城市资源调查。产业的发展需要以城市为依托，需要城市为其提供发展的平台和空间，因此城市拥有的各种资源是产业发展重要的外部条件。在产业策划前期对城市资源的调查，能够提高产业选择的合理性。城市资源调查主要考虑三个方面的要素：自然要素、社会要素和人文要素。在具体的产业策划项目中要根据研究重点，分析比较各个因素的影响程度，选取需要分析的要素。

①自然要素。调查内容包括目标对象的地理区位、地形地貌、气候条件和自然资源（能源、矿产资源、土地资源、水资源）等，是城市或区域的先天条件，很难通过外力进行改变，也是城市具有差异性的首要原因。

②社会要素。调查内容包括城市发展历程、历史文化遗产、人口情况、政府管理水平、城市建设现状和城市景观等，这是城市在自然禀赋具有差异的基础上发展的结果。

③人文要素。调查内容包括研究区域内居民的传统习俗、宗教信仰、地方文化和文化素养等。

2）产业发展能力调查。产业发展能力是指某一地区的产业在确保可持续发展的基础上，通过技术创新等手段推动传统产业的转型升级，提升整个区域的产业竞争力，吸引资金、人才、技术等要素向区内集聚的能力。它是产业生存和发展的能力，既包括现有的实力，也包括未来的潜力。

①首先调查产业发展现状，从统计机构发布的《统计年鉴》或者《国民经济和社会发展统计公报》等城市公开文件中获取城市经济发展概况相关信息，包括经济总量、产业结构、对外贸易、规模以上工业增加值等经济数据，了解城市或区域经济发展水平和现有的产业基础。

②其次调查产业发展潜力，主要对生态环境承载能力和产业与城市的协调能力进行调查。产业发展能力调查的相关指标可以参考中国经济网产业发

展能力评价指标体系（表5-4）。

产业发展能力评价指标体系[①]　　　　　　　　　　　　　　　　　　　　　表5-4

一级指标	二级指标	单位
产业实力指数	GDP	万元
	地方财政一般预算收入	万元
	人均 GDP	万元/人
	经济密度	万元/平方公里
	对外贸易出口总额	万元
	工业劳动生产率	%
	上市公司拥有量	个
	规模以上工业企业个数	个
	第二、三产业 GDP 贡献率	%
	主导产业产值占第二产业总产值比例	%
产业发展能力指数	第二产业固定资产投资额	万元
	外来资本实际引进额	万元
	社会商品零售总额	万元
	工业产品销售率	%
	新产品产值占 GDP 比重	%
	技术市场成交额占 GDP 比重	%
	每万人申请专利数	个
	R&D 经费支出占 GDP 比例	%
	战略性新兴技术企业个数	个
产业可持续发展指数	环保投入占 GDP 比例	%
	单位 GDP 能量消耗	吨标准煤/万元
	单位 GDP 水消耗量	吨/万元
	单位 GDP 二氧化碳排放量	吨/万元
	单位 GDP 工业三废排放量	吨/万元

[①] 中国经济网. http://www.ce.cn/cysc/ztpd/2011/cyfzdh/yaowen/201103/23/t20110323_20955141.shtml.

（3）目标市场调研

市场是行业发展的基础，产业策划要符合市场发展规律，不能只是决策者的主观意愿。如果忽视了市场的作用，无论产业策划描述的目标愿景多么完美，它也是实现不了的。目标市场调研的目的是找到市场有效需求，为产业策划分析和决策提供正确客观的资料，主要内容包括：

1）产业发展环境，包括宏观经济环境、国际贸易环境、产业政策环境和基础设施条件等。

2）市场供求情况，从需求角度了解行业目标人群和目标市场的需求量和需求结构，从供给角度了解行业企业数量和总体生产能力。

3）行业投资情况，把握行业发展趋势，有利于对产业发展方向作出及时的调整。

4）市场竞争现状，了解占有不同市场份额的竞争者的组成情况。

5.9.2 分析

本阶段主要是对调查收集到的资料进行归纳、总结和分析，分析调研结果的内在联系，理清逻辑关系，为城市产业策划的定位提供有力的决策依据。主要分析思路是：分析在已有国家和省市各级产业发展战略的引导下，目标区域可以布局哪些类型的产业；在城市发展条件的限制下，有能力支持哪些产业的生存和发展；在市场需求的推动下，目标区域需要配置哪些产业。最后综合以上分析，得出初步的产业定位结论。

（1）产业发展战略政策分析——建立"产业备选池"，明确"可以做什么"

研究国家和地区为鼓励重点产业的发展制定的相关优惠政策，在基础设施和服务方面具有的发展条件，分析其对目标区域产业发展的支持和限制作用，确定在目标区域可以布局的产业类型。产业策划之所以要符合相关产业发展战略的方向，是因为产业不能脱离国家和省市而独立存在，其是符合区域产业发展方向，符合区域内部产业分工，组成区域产业整体格局的一部分。国家和区域产业发展战略是在权衡各区域的资源差异和竞争优势后作出的统筹安排。如果不考虑国家产业战略的大方向而在目标区域配置某一产业，可能会造成该产业与周边区域的产业关联度低,无法进行资源共享和合作交流;也可能会使产业布局不符合企业区位选择的规律,与原材料市场和消费市场距离较大,不具备支撑产业发展的条件,产业运营成本增大,不利于产业的持续发展。

(2)产业发展背景分析——筛选"产业功能群",明确"能够做什么"

产业发展背景分析从城市和产业背景两个方面进行,目的是分析在外部发展条件和产业内部发展能力的约束下,城市能够支撑哪些产业的发展,可以使产业策划的定位符合城市承载能力,实现产业与城市的协调发展。

1)从城市角度,通过对城市自然、社会和人文要素的分析,了解项目背景,根据城市资源环境特点,分析城市产业发展具有的优势和劣势,以及需要面对的机遇和挑战。明确城市为产业能够提供哪些外部条件,决定城市能够配置哪些产业。

2)从产业角度,分析产业的发展现状和发展潜力。基于调研结果分析产业发展现状,包括产业结构、产业关联和产业布局,明确先导产业、主导产业、支柱产业和新兴产业的类型,总结城市产业发展的特点,分析产业结构变化的趋势。通过研究产业产出能力、科技研发能力和市场占有能力,结合产业发展外部条件,分析产业的发展潜力。

(3)目标市场分析——聚焦产业细分市场,确定"需要做什么"

产业分析不能忽略目标市场的因素。通过市场分析确定有效需求,进而确定产业发展方向和产业规模。市场环境分析是对经济环境、政策环境、技术环境、配套设施服务等进行分析。市场环境的改变会影响市场的需求和供给,为产业发展带来机遇,也可能会造成一定的威胁。市场供求分析的目的是发掘市场需求潜力。市场总容量除去现有企业的供给量,即待满足的市场需求,市场需求指导我们对产业发展方向和规模进行预测。行业投资情况分析的目的是把握热点投资领域和行业发展趋势。市场竞争现状分析是了解占有不同市场份额的竞争者的组成情况,分析他们各自的产品类型、发展重点、市场份额、竞争优势和竞争策略,进而准确判断竞争者

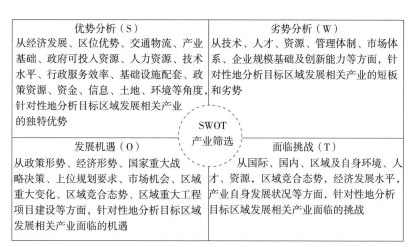

图 5-5 SWOT 分析用于产业筛选

的战略定位和发展趋势,并且对其未来的战略进行预测。在此基础上,提出目标区域的产业竞争策略,结合自身的产业发展背景,实现差异化竞争,获得相对竞争优势(图 5-5)。

5.9.3 定位

定位是产业策划的核心步骤,定位是否准确是产业策划成败的关键。它是建立在调查分析的基础上,明确项目背景、政策环境、市场竞争环境,以及产业发展的优劣势、发展机遇和挑战,提出产业功能、规模和布局的定位,指导策划实施方案的制定,通过评价步骤,发现在最初定位过程中出现的问题并及时进行反馈和调整。所以定位工作需要贯穿整个产业策划的全过程。

(1)确定发展定位

根据城市具有的相对优势和约束条件,在对产业吸引力、政策适应度、发展可行性等方面的调研结果进行分析的基础上,分析得出城市在相关战略的引导下的重点发展产业、辅助发展产业以及不宜导入的产业,从而确定产业发展的战略定位(表 5-5)。

产业策划的产业定位筛选过程　　　　　　　　　　　　　　　　　　　　　　　　　　表5-5

筛选阶段	研究形式	关注重点	主要目标
第一轮筛选	战略政策研究	国家、区域、产业发展战略调查和分析,评价产业的政策适应度	确定城市产业发展定位; 建立产业备选池,明确"能够做什么"
第二轮筛选	产业发展背景研究	城市资源环境和产业发展能力分析,评价产业的发展可行性	充分发挥资源优势和企业专长; 充分规避各项发展边界条件带来的约束; 充分考虑配套型、特色型产业(错位原则); 筛选产业功能群,明确"可以做什么"
第三轮筛选	市场研究	市场供求情况和市场竞争态势分析,评价产业的吸引力	综合考虑产业吸引力、发展可行性、政策适应度; 聚焦产业细分领域,确定"需要做什么"

产业策划的定位包括对产业类型、产业功能和产业规模的定位,并描述项目未来在城市产业发展中所承担的分工和发挥的作用。

(2)制定目标体系

目标体系是在符合定位方向的前提下,结合前期调研分析的成果,制定的产业发展目标。在制定目标的过程中会提出多种可能的设计方案,这些方案可能是在产业分析时考虑的侧重点不同。策划主体需要权衡多方面利弊,选择一个相对合理的方案,然后根据这个方案制定相应的实施策略,在选择方案和实施方案的过程中还需要对目标进行动态评价,并且及时调整和修订(图5-6)。

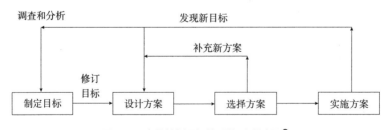

图5-6　产业策划目标体系的形成过程 ❶

---

❶ 引自:马文军.城市开发策划(第二版)[M].北京:中国建筑工业出版社,2015.

目标体系需要具有逻辑性、动态性、整体性和前瞻性，制定目标体系时要具有全局眼光，统筹整个产业的发展。纵向平衡产业短期与长期的发展，横向统筹不同目标类型之间的关系。从纵向角度来看，目标体系可以由近期目标、中期目标和远期目标构成；从横向角度来看，目标体系可以由经济目标、社会目标和环境目标等构成。目标体系的构建是为了使目标具体化、清晰化，最大限度地实现目标，最终实现项目的战略定位。

5.9.4 实施

（1）确定产业策划的实施主体

产业策划的实施过程，首先要确定实施主体，明确责任分工，确保产业策划的有效实施，建立不同层级的项目管理组织，加强各层级之间的沟通和反馈，建立完善的监督机制，使实施过程更加高效。

1）设立产业策划项目领导小组和办公室

产业策划采用多层级的项目管理机制，为了加强领导和管理能力，需要设立产业策划领导小组和办公室。领导小组是由政府部门、企业代表、科研院校的技术专家和策划专家共同组成，负责策划工作的整体管理，全面负责和监督产业策划的实施，领导策划研究团队制定具体的实施策略，对实施过程中出现的重大事项进行协调，对产业策划的实施进度和质量进行整体把控。

2）成立策划项目专家组

领导小组聘请国内相关领域的知名专家，与政府相关部门负责人共同成立项目课题专家组。受邀专家的研究领域应该涵盖城市的经济、产业、规划、策划等方面，也可包括特定产业技术专家、产业招商专家等。政府部门的负责人应来自城市规划建设、经济管理、招商服务等部门，他们对于项目背景有更深入的了解，可以使产业策划的决策更加符合本地的实际情况。项目专家组的任务是审查实施方案，为实施过程提供技术指导，参与重要项目的中期评估和终期评审。

3）组建项目研究和运营团队

由策划者（例如专业策划机构）组织专业技术人员和城市各相关部门人

员建立研究和运营团队，共同工作，调查、分析项目背景，制定实施策略。研究团队的工作目标是形成可行的策划方案报告，运营团队要理解策划的成果，确保实施的成效。

（2）制定产业策划实施策略

1）发展重点及项目选择。在前述的产业分析、筛选和定位的基础上，要结合国内外优秀经验和区域特点，遵循合理性原则、优势性原则、市场性原则和收益性原则，充分发挥自身相对优势，综合考虑项目可能产生的经济、社会和环境影响，选择整体效益高并且具有可行性的项目作为重点（表5-6）。

产业项目选择的评判体系　　　　　　　　　　　　　　　　　　　　　　　表5-6

评判维度	评判因子	注释
产业吸引力（30%）	行业发展成长性（A1）	目前尚处在发展阶段，但由于未来大环境的发展趋势、技术的先行或技术垄断等，而可能在将来迸发出潜力的，具有可持续发展能力、能得到高投资回报的产业
	行业发展关联性（A2）	未来是否可以带动上下游的相关联产业在本地区发展
	行业的房地产经济性（A3）	产业是否可以带动人气、人员回归及相关经济的发展
发展可行性（40%）	城市产业溢出匹配度（F1）	城市现有产业溢出是否匹配目前本地区的需求及发展
	区域竞争差异性（F2）	本区域开发该产业及服务的发展优势及其差异性
	人口吸引度（F3）	在本区域发展该产业是否可以带动人才的吸引及落户生活，或者是否能够吸引导入相关人流
	基础设施匹配度（F4）	本区域现有的基础设施是否满足产业的发展
	环境与社会影响评价（F5）	引入的产业带来的环境与社会影响评价
政策适应度（30%）	与区域功能定位的吻合（a1）	引入的产业是否可以与本区域功能定位一致
	与区域产业规划的吻合（a2）	引入的产业是否与本区域产业规划一致
	与区域综合政策的吻合（a3）	引入的产业是否与本区域综合政策一致

确定重点发展产业后，可结合评判的结果，进一步确认细分的产业形态（表5-7）。

某市确定的休闲旅游产业细分形态				表5-7
一级形态	二级形态	三级形态	四级形态	五级形态
分离产业形态	多元产业形态	一体化产业形态（目的地）	度假产业形态	生命体验形态
观光、游乐为核心，各自独立	形成观光、游乐、美食、修学、康体、娱乐、其他休闲等多元结构形态	以旅游目的地为核心打造的一个旅游要素、多层面混合进行区域开发的形态	以较长时间的工作与度假分离节奏安排为基础，以私人度假资产的普及为依托，形成的产业形态	不再是做一个简单的产品，而是在做一种人类生存方式和生命体验形成的旅游开发模式

产业细分后，还可根据调研聚焦目标对象的需求（图5-7）。

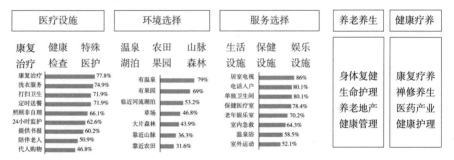

图 5-7　健康养老产业细分的需求调研分析

2）产业布局和功能分区。产业发展需要以城市空间为依托，在确定了发展重点之后，要对产业与空间进行衔接❶。在空间上进行产业布局和功能分区，使产业落地，并形成产业服务与配套。在这一过程中要注意产业发展与城市空间的协调❷，有利于产业内部不同分工的企业在空间上进行集聚，形成产业集群，实现产业集聚效益和规模效应。

3）确定开发时序。在充分考虑资金时间价值的基础上，对开发项目进行时间上的排序，争取实现资源利用效率的最大化。在引进重点企业之前要

---

❶ 赵仁康，许正宁．城市空间结构重组的产业动力机制 [J]．西南民族大学学报，2010，04：146-150．
❷ 李光辉．我国产城融合发展路径研究 [D]．合肥：安徽大学，2014．

进行产业配套设施的开发建设，引进配套服务企业，如商业、金融、信息、物流服务企业等，提升经济活跃度，聚集人气，增加对核心产业的吸引力。然后引进经营状况和发展前景较好的核心企业，发挥其带动和示范作用。再逐步引进重点企业及其相关上下游企业，促进产业链的不断完善。❶

4）制定重要发展措施。产业的重要发展措施主要包括管理措施、政策措施和设施建设措施。管理措施是建立项目管理领导组织，完善管理运作体系，统一指导项目的策划、建设和运营过程。政策措施是制定鼓励相关产业发展的优惠政策，包括人才引进、企业融资、税收补贴等优惠政策。

5）制定实施方案。根据目标体系的内容，制定实现各个阶段目标的具体实施方案。目标体系只是对最终的结果进行描述，并没有指出要如何实现这些目标。因此在制定实施策略的过程中需要对目标进行细化，并且针对每一个目标提出具体的操作方案。

5.9.5 评价与反馈

产业策划最终形成一套完整的产业发展战略及实施方案，通过对各重要决策环节的合理性和科学性进行评价，分析整个项目在实施后实现的经济效益、社会效益和可持续效益，对定位和实施步骤进行反馈，对其中存在的不合理性进行及时的修正，协调在建设运营当中出现的各种问题。

产业策划的评价从两个方面进行。第一个方面是对产业策划的制定和实施过程中各重要环节的合理性和实现的效果进行评价，主要从以下几个环节进行：

（1）项目定位决策过程

项目的产业定位决定了产业策划后续工作的方向，影响范围较大。对定位决策过程的合理性进行评价，评价其是否综合考虑了各影响因素，是否符合调查分析的结果，结合项目实施过程中出现的问题，对定位进行反馈，并及时修正和调整，将损失降到最低。

---

❶ 吴佳乘. 区域一体化视角下的吉林市高新区北区产业规划策略研究 [D]. 哈尔滨：东北林业大学，2014.

（2）产业实施策略的优劣

评价发展重点和项目的选择是否符合合理性原则、优势性原则、市场性原则和收益性原则；功能分区和产业布局是否符合项目实际情况，发展措施和行动方案是否具有可实施性。

（3）实施过程中各参与主体的协调

参与主体从各自利益出发，提出具有不同侧重点的策划方案，最终的产业策划需要综合考虑各方需求，最大限度地满足各参与主体的利益。在评价过程中，要对每次的协调过程和结果进行分析，判断是否选择了最佳的策划方案。

（4）应对变化的能力

评价管理组织中信息的传递和反馈效率，研究团队是否具备足够的专业素养，对于实施过程中遇到的现实问题是否能及时作出应对，解决目标与现实的矛盾，提高项目抗风险的能力。

（5）项目运营状况分析

评价项目在建成后的招商情况、企业入驻率、企业经营状况、项目整体经济收益等，分析现实情况与目标体系产生差异的原因，提出相应的解决策略，将相关内容补充到产业实施策略中，为其他产业策划项目提供借鉴和参考。

第二个方面是对产业策划项目实施后获得的效益进行评价，包括项目的经济、社会和环境可持续效益。

（1）经济效益评价

产业策划最主要的目的是实现经济增长，因此经济效益是评价一个产业策划是否成功的重要指标。经济效益的评价从直接经济效益、间接经济效益和产业结构优化效益三个方面进行。直接经济效益是指重点产业的经济收入和利润；间接经济效益是重点产业带动其他产业的发展而产生的经济效益；产业结构优化效益是重点产业的发展对整个城市或区域的产业结构优化起到的推动作用。

（2）社会效益评价

社会效益是在项目实施后，除了经济效益以外，对社会生活产生的积极影响。比如增加就业机会，为城市提供了新增就业岗位，提升人均收入，带动消费。优势产业带动城市知名度的提高，有利于打造城市品牌，塑造良好的城市形象。

（3）环境可持续效益评价

产业的发展不能以牺牲环境作为代价，以环境和资源换增长不符合可持续发展原则的发展，会导致环境压力不断增大，最终难以承载产业的发展。可持续效益评价通过研究产业发展对环境产生的影响，分析产业对资源的利用效率，评价产业可持续发展的能力。

5.10 产业策划的成果

5.10.1 项目建议书及工作框架

政府部门或者开发商选定了承担产业策划任务的咨询机构之后，双方在进行多次沟通后，根据委托方的咨询策划团队撰写的项目建议书，明确产业策划的任务和目标。工作框架包括时间安排、工作进度、策划人员的工作分工、各方职责、策划技术路线、工作的步骤等内容。

5.10.2 专题研究报告

专题研究报告是为了使产业策划的内容更加完整丰富，对产业涉及的各方面问题进行专项研究，并对专项研究的调研分析过程和研究结论进行整理，形成产业策划的专题研究报告。按研究角度的不同可以分为产业发展条件研究、产业现状研究、市场分析研究、产业发展案例研究和产业发展策略研究等。根据委托方的要求，可以将专题研究报告作为成果体系的一部分单独提交，也可以纳入策划最终成果文本共同提交。

5.10.3 策划成果文本

策划成果文本应该是产业策划最核心的内容，是策划工作成果的集中体现，包括文字内容，也包括图表内容等，作为策划工作最完整的研究成果，是指导产业策划实施的依据。

5.11 保障产业策划成功的机制

5.11.1 政策法规保障

产业策划成果在实施的过程中会受到各种因素的影响，外部环境、经济状况和市场竞争的变化都会影响策划成果的顺利实施，因此地方政府有必要制定相关的政策法规对其进行保障。制定产业促进和扶持政策，发挥政府的引导和支持作用，在政策层面为产业策划提供保障。比如建立专项资金促进科技研发，鼓励中小企业进行创新；制定优惠的税收政策、金融政策减轻企业的资金压力；制定人才引进政策，包括人才补贴、奖励、住房保障制度等，增强地区对于人才的吸引力。相关政策法规的制定，优化了产业发展的外部环境条件，保障了策划成果的实施。

5.11.2 组织机制保障

建立由产业策划领导小组、专家组、研究团队、产学研联盟构成的不同层级的项目管理组织，各层级之间及时沟通交流并进行反馈，加强内部的管理和监督，保障策划过程有序进行。产业策划项目管理组织的人员构成包括政府部门相关负责人、专家和企业代表，既能保证产业策划具有一定的专业高度，又能保证其符合当地的实际情况，且不损害现有本地企业的利益。所以建立科学合理的管理组织构架，可以保障产业策划的质量和进度，并且在进行决策时能够协调多方利益。

5.11.3 动态管理保障

产业策划成果的实施是一个动态变化的过程，在这个过程中政策、环境和市场都是在发展变化的，可能会出现之前没有考虑到的问题，所以要建立动态管理机制，以不断变化的评价行为和管理手段应对这些变化。具体包括：建立动态评价机制，对各个重要决策的合理性进行评价，并且对策划实施的完成情况进行评价，及时发现问题并且进行反馈；建立动态协调机制，在发现问题之后，要进行及时有效的调整与控制，确保策划目标的实现，在这个过程中要注意动态评价与协调的及时性，有效实现动态管理；建立运营管理机制，产业策划实施之后，还应该对企业的运营进行监督和管理，产业的发展是一个长期持续的过程，产业配置和布局为产业提供了生存的条件，而产业的运营管理则是为产业持续发展提供可能。

5.11.4　风险防范保障

产业策划实施的风险主要来自项目投融资风险和项目运营风险。对于项目融资风险，由于在融资的过程中容易产生财务风险和资金运作风险，监管组织须发挥作用，对融资方式和资金运作进行监督。对于产业项目运营风险，如果企业进驻后运营情况不佳，不仅会影响后续企业的进驻，还会影响整个项目的经营情况，从而降低项目的经济价值。企业进驻后项目的运营情况主要取决于企业的经营能力和竞争力，所以最初引入的企业应该是知名度高、经营效益好的企业。如果这类企业的运营状况仍不佳，那么就要建立相应的备选方案，对项目选择和企业类型进行调整。

6 案例：集成电路产业发展策划及集成电路产业园区开发策划

本片区案例基于笔者 2016 年为 A 市主持的集成电路产业园区相关策划与规划，涵盖了产业选择、产业细分、目标定位、空间布局和用地选址、详细规划、城市设计等阶段，以及产业发展规划、存储芯片厂设计、产业招商等协调工作的成果。

6.1 产业选择——为什么选择集成电路产业

在进行未来培育产业选择的时候，A 市既没有集成电路相关企业基础，也没有相关的高校、科研院所等技术资源。在其成功推进了集成电路产业的落地实施后，被问及最多的问题是"为什么会选择集成电路产业？"

这一产业选择既符合产业升级的市场需求，也契合了整个国家发展的战略时机，因此，尽管项目推进前期曾有过一些担忧，但战略推进实施中项目不仅得到国家产业大基金的巨额投入支持，招商中也获得了市场的认可。

6.2 第一轮产业筛选

A 市的工业以纺织服装及制鞋为主的传统产业为主，占工业总产值的比例达一半以上,已面临升级转型的拐点。同时,面对全球经济环境变化,以及国内大力发展"中国制造 2025"和"互联网+",其产业转型升级已势在必行。通过分析产业发展的特征,认为其可以结合国家及省、区域发展战略选择中去寻找可能的产业方向,并结合城市原有产业基础和新兴产业与技术发展的趋势,初步筛选城市的产业战略方向。

6.2.1 相关各级战略规划解读

（1）国家战略解读

为克服进口比例高的问题,中央携手地方全力推动中国集成电路产业发展大战略。主要的推动措施有：第一,成立国家集成电路产业发展领导小组；第二,设立国家产业投资基金,加大金融支持力度；第三,鼓励落实税收支持政策；第四,建立健全集成电路人才培养体系。

2014年9月24日大基金（国家集成电路产业投资基金）成立,第一期规模为1200亿元。截至2015年底累计投资28个项目,总承诺额度426亿元,实际出资262亿元。地方基金设立远超1000亿元,其中北京、上海、湖北分别达300亿元、500亿元、300亿元。集成电路制造、设计、封装测试、装备和材料等承诺投资比重分别达到45%、38%、11%、3%和3%。2016年制造领域的投资比例提升到60%,各地加快步伐,试图抓住存储器等一些重大项目的布局。

（2）省市战略解读

A市所在的省具有较好的信息、电子、汽车、鞋服产业基础,然而进一步发展中面临产品提质和技术提升的挑战,通过提高产品的智能化应用水平,能够为其新产品研发（如智能云穿戴、无人驾驶汽车）、提高产品档次和附加值提供可能。省、市政府多次发布加快发展集成电路相关产业的意见,为推动相关产业的设立创造了条件。

第一轮产业筛选的重点是分析国家、区域、产业发展的战略,评价各种潜在产业的政策适应度（表6-1）。

第一轮产业筛选的内容 表6-1

选择轮次	第一轮筛选：构建产业备选池，明确可以做什么
主要工作	• 从国家到省、市各级政策鼓励的产业发展目录、政策清单中搜寻 • 从全球面临的前沿大技术中搜寻
选择原则	• 各级政策支持 • 具有发展前景
筛选结果	现状支柱产业： • 旅游休闲、食品饮料、陶瓷建材、服装鞋业、面料基材等 未来备选产业： • 文化创意、集成电路、物联网、人工智能、信息网络、生命健康、新材料、新能源、航空航天等

6.2.2 集成电路产业发展背景

中国经济发展带动集成电路产品需求高居不下，市场规模持续增长。自改革开放以来，中国经济快速增长，已成为仅次于美国的全球第二大经济体。中国被誉为"世界工厂"，手机、个人电脑、电视机等大宗电子产品的产量占全球总产量超过一半，为全球最大的电子产品制造基地，因此对集成电路产品的需求也很大，2015年集成电路市场规模达11024亿元，为全球最大的市场（图6-1）。

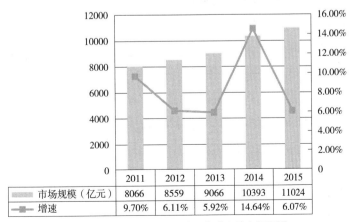

图6-1 2011~2015年中国集成电路市场规模

2015年中国集成电路产品长期依赖进口，进出口逆差达1613.9亿美元（图6-2）。国产自给率仅三成，集成电路进口金额已超越石油成为最大进口产品。这对作为全球最大电子产品生产基地的中国非常不利，也构成较大的产业安全风险。

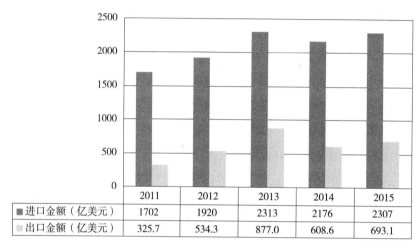

图6-2　2011~2015年中国集成电路进出口情况

从上面的分析可以看出，集成电路产业是电子信息技术产业创新与发展的核心基础，其自身的发展壮大推动了整个电子信息技术产业的整合与创新成长，如果其发展滞后则会制约电子信息技术产业的进步。

同时，集成电路产业具有高创新研发、高单位产值与高国际能见度的特点。特别是发展过程中所投入的教育资源，能够帮助提高所在地的民众科技素质，衍生效益极大。其直接产业包括集成电路制造业、集成电路封装测试业、集成电路装备产业、集成电路设计产业、集成电路材料产业，衍生影响的产业包括国防/航天产业、光伏产业、电力产业、互联网产业、医疗电子产业、安全监控产业、物联网产业、云计算产业、LED面板产业、自动化机械产业、通信产业、消费电子产业、汽车电子产业、信息产业、知识产权业等（表6-2）。

集成电路产业的特点和衍生效益 　　　　　　　　　　　　　　　　　　　　　　　　　表6-2

特点	衍生效益
创新研发密度最高的产业	2015年全球前10大集成电路企业投入260亿美元进行研发与产品创新
持续投资最高的产业	2015年Intel、Samsung、TSMC三家半导体公司在设备资产的投资近290亿美元
国际能见度最高的产业	集成电路产业在全球电子产业链中占据关键地位，任何生产出货事件都受到全球的重视，也在国防屏障扮演重要角色
科研人才高度密集的产业	集成电路设计与制造产业的科研人才占员工人数的50%以上，多为硕士及以上学历

6.3 第二轮产业筛选

第二轮产业筛选的重点在于筛选出对经济发展具有关键作用的产业，并研究城市现有及潜在资源是否能支撑这些产业的发展（表6-3）。

第二轮产业筛选的内容 　　　　　　　　　　　　　　　　　　　　　　　　　表6-3

选择轮次	第二轮筛选：精炼产业功能群，明确"能够做什么"
主要工作	• 研究产业全景图，并对外扩展关联 • 规避各项发展边界条件带来的约束（传统发展要素依赖性低） • 研究城市资源环境和产业发展能力分析，评价产业的发展可行性
选择原则	• 技术新 • 市场体量大 • 产业纵向和横向关联的广度大 • 带动作用强
筛选结果	• 集成电路 • 电子信息 • 城市能够形成支撑产业发展的能力

6.3.1 集成电路产业发展特征

（1）集成电路产业的构成

集成电路产业包括设计、制造、封测三大产业链环节，构成了集成电路的主产业链，通常由制造带动产业链上下游环节的发展。

集成电路产业的发展同时需要大量知识产权、设计服务工具、装备及材料等配套产业，使整体产业能够顺利运行（图6-3）。

（2）集成电路产业各细分领域的市场周期特征

从图6-4可以看出，创新智慧汽车和集成智能设备将成为集成电路产业增长的新动能。

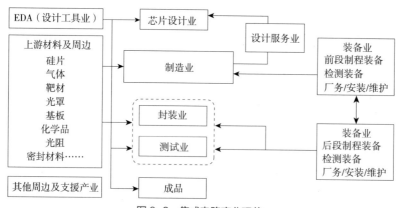

图6-3　集成电路产业环节

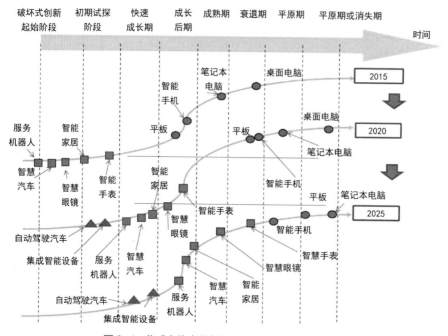

图6-4　集成电路产业各细分领域的市场周期分析图

(3) 全球集成电路产业发展现状

美国、日本产业链最完整,韩国集中在两大制造商,我国台湾地区发展比较均衡,大陆地区的产品需求大,但技术、工艺方面还存在一定差距(表6-4)。

各国家、地区集成电路产业发展现状　　　　　　　　　　　　　　　　　表6-4

	产业特征	主要制造厂商与发展
美国	• IDM(Integrated Device Manufacture,整合设计,常简称为IDM)产值与设计、EDA(Electronic Design Automation,电子设计自动化,常简称为EDA)产值均为世界第一; • 设备产值全球第一; • 材料前三强; • 制造产值全球第三	• 英特尔、超威、英伟达、高通等
日本与欧洲	• 基础研究强; • 材料与设备方面和美国占据全球前三; • IDM为主	• 日本:瑞萨、东芝、富士通等; • 欧洲:英飞凌、意法半导体、恩智浦、ARM等
韩国	• 集成电路产业集中在三星及海力士两家,其余厂商能力有限	• 三星电子、海力士为全球存储器两大龙头企业
我国台湾地区	• 垂直分工产业林立:设计排名前二、制造排名第一、封测排名第一; • 但缺乏缺少上游设备、材料	• 制造:台积电、联电、力晶等; • 封装:日月光、硅品、力成、京电等; • 设计:联发科、晶豪等; • 存储器:南亚科、力晶、芝奇、威刚等
我国大陆地区	• 全球手机、电视、笔电、新能源汽车制造中心; • 全球半导体需求最高	• 设计:展讯、海思、中兴微、士兰微电子等; • 制造:中芯、新芯、联芯、晋华等; • 封测:长电、富士通等

6.3.2 内存产业发展现况特征

(1) 全球存储器产业以IDM厂为主,呈现寡头独占局面;

(2) 存储器价格变化快、敏感度高,促使主流工艺不断提升;

(3) IT产品运算需搭配内存产品,其中计算机及移动终端为应用主体方向。

6.4 第三轮产业筛选

如何在集成电路产业里进行产业细分,选择适合的产业方向?

第三轮产业筛选的重点在于市场供求情况和市场竞争态势分析,评价产业的吸引力,综合考虑产业吸引力、发展可行性、政策适应度(表6-5)。

第三轮产业筛选的内容　　　　　　　　　　　　　　　　　　　　　　　　　表6-5

选择轮次	第三轮筛选： 聚焦产业细分领域，明确"需要做什么"
主要工作	• 产业深度化与多元化结构调整：具有交叉产品、边沿产品、深度化产品、满足多元需求的产品； • 推广一体化整合，向整体开发、综合开发、规模开发、多产业融合方向发展
选择原则	• 是否具有相关资源（如资金、原材料、技术、管理、渠道、市场、人脉等）； • 尽量避免市场恶性竞争； • 尽量避免重大的不确定性风险
筛选结果	• A市高科技人才和企业储备不足； • A市消费品产业（鞋服等）高度发达； • 筛选出集成电路产业，并进一步细分选择针对消费电子终端产品的内存全产业链，即集成电路、内存制造代工、内存设计、内存专业封测及模块

A市存在电子信息产业经验及集群几乎等于零、基础非常薄弱的问题，发展电子信息及科技创新时间较短，缺乏留住优秀人才的产业氛围、交流圈层及社会资本。同时，A市本身无集成电路相关高等学校、科系院所及人才，发展集成电路产业面临极大的技术和人才挑战。这些都是A市发展集成电路产业的重要不足。

但是，A市具备完整的海陆空交通网络，交通便利，经济和传统产业的多年快速发展为其发展集成电路产业带来稳定资金支持。同时，国内外同乡分布广泛，为发展集成电路产业提供广大的人脉网络。在国内集成电路产品需求高居不下、市场规模持续增长的大背景下，国家大战略重点推动中国集成电路产业发展，为其奠定了宏观基础。同时，省内集成电路产业尚在起步阶段，A市可以积极争取获批国家及省集成电路重要基地。

6.5　产业筛选结论

经过三轮筛选和反复的比较论证，A市城市决策者坚定选择集成电路产业作为城市未来发展关键性主导产业，决心善用本身优势，在国家支持发展集成电路产业的宏观决策下，聚焦内存业专项重点，并在此基础上，面向东南沿海地区，形成集成电路全产业链生产基地。

6.6 产业策划目标与定位

（1）发展集成电路产业的三大战略定位

①成为全球重要的内存产业生产基地。依托国家战略方向及国内市场缺口，重点发展内存产业，成为全球重要的内存业生产基地。

②成为东南首屈一指的集成电路全产业链生产基地。以龙头项目为基础，以发展全产业链为手段，弯道超车，打造从设计、制造、封测到装备材料的本省和东南地区首屈一指的集成电路基地。

③成为两岸集成电路产业合作示范中心。以对台深度合作、承接台湾技术移转为核心，发展成为海峡两岸集成电路产业合作示范中心。

（2）目标愿景

到2025年要实现的发展愿景是：形成国内第一、全球重要的内存全产业链基地，在国内内存产业居龙头地位。全市集成电路产业产值挑战千亿规模，综合实力居海峡西岸及东南沿海地区前列，形成具有国际竞争力的集成电路产业集群。积极推动台湾优质企业入驻或开展合作，位列海峡两岸集成电路产业合作地区的第一梯队。推动集成电路产业与本市鞋服千亿产业协同发展智能穿戴装置产品，成为国内传统行业升级转型的样板城市。着力完善集成电路软硬件（含装备、材料）配套产业及服务平台。

预计2025年A市集成电路产业产值将挑战千亿元人民币的发展目标。以龙头内存厂为基础，以本市、本省及东南沿海地区为腹地，紧扣本市传统鞋服行业升级转型方向，招引、并购、集聚集成电路企业，构建千亿规模的集成电路全产业链生态圈、资源生态圈、智能生态圈、企业生态圈，实现从无到有、弯道超车的发展目标。

①近期目标（2016~2019年）

年产值：35亿元。龙头内存厂月产能6千片，工艺技术30纳米。入驻企业至少10家，其中行业内前十大企业至少2家。

②中期目标（2020~2022年）

年产值：300亿元。龙头内存厂月产能15万片，工艺技术20纳米以下。

入驻企业至少25家，其中行业内前十大企业至少3家。

③远期目标（2023~2025年）

年产值：1000亿元。龙头内存厂月产能达30万片，工艺技术10纳米以下。入驻企业至少40家，其中行业内前十大企业至少5家。引进2家大型封测企业；1~2家销售收入超过10亿元的大型设计企业；至少5家装备材料企业，销售收入在1亿美元以上。

6.7 产业策划实施

6.7.1 制定集成电路产业策划实施策略

A市集成电路产业发展重点将形成制造为主、封测设计为辅的全产业链布局（图6-5）。

图6-5 集成电路产业全产业链布局

①主产业链——制造、封测、设计环节

以龙头内存厂项目为基础，实现内存全产业链布局，涵盖内存制造代工、内存设计、内存专业封测、内存模块（内存条）及组装等。

引进并建设一座8英寸晶圆厂（逻辑IC），为本省及东南沿海地区IC设计企业提供产能服务。背靠周边其他晶圆厂，引进逻辑IC封测项目，服务本市、本省及深圳等地需求。结合本市鞋服产业特色，推动应用于智能穿戴产品的集成电路设计产业发展。

②配套产业链——装备、材料、工具、平台环节

围绕制造及封测产业需求，引进其合作的装备及材料产业。完善集成电

路软硬件（含装备、材料）配套产业及服务平台。

对主产业链和配套产业链依不同的筛选标准（表6-6）挑选本地集成电路产业适合发展的具体项目。

项目选择标准   表6-6

主产业	技术先进和重要性；开发难度、对整体产业链的支撑； 工艺先进性及创新；制造、封装技术等级，设计应用创新； 国家、地方政策；符合国家大战略及省级政策； 市场需求及国产化缺口；进口替代的效益大小
配套产业	配套能力；对集成电路主产业链的支撑作用； 成本比重；在配套产品成本中的占比情况

6.7.2 选择重点项目

①围绕龙头内存厂项目，发展利基型内存及高端内存制造，目标产能30万片

内存技术先进性高，是所有电子信息产品的重要部件、移动互联网和云计算产业的重要支撑。工艺先进性极高，内存主流工艺30纳米，并往20及25纳米发展。近年国家大战略及大基金的支持方向将往存储器倾斜，重点支持内存及闪存产业的发展。中国存储器芯片市场需求量高达2500亿元，但国产仅能满足四分之一，缺口巨大。

②建设8英寸晶圆厂，为本省及东南沿海地区逻辑IC产品提供生产服务

集成电路制造是国家及本省重点支持项目，符合本省"十三五"规划重点。部分逻辑IC产品并不需要使用到12英寸晶圆厂的高端生产工艺，而目前本省及东南沿海地区还没有8英寸晶圆厂，因此市场需求仍无法自给自足。同时，物联网、智能穿戴等所用IC产品，属于特殊工艺，8英寸晶圆厂就能满足且更适合。

6.7.3 明确产业规模和配套设施需求

①产业用地需求：2025年满产（千亿元），规划用地约4200亩。

集成电路产业园产业用地共6000亩，依2025年产值目标推估约需用地

4200亩。剩余土地除集成电路企业外，还可衍伸引进内存模块及智能穿戴装置企业，包括电子组装及系统企业，形成以集成电路为核心、本市传统鞋服产业为基础的智能穿戴装置产业链（表6-7）。

产业用地需求 表6-7

项目类型		说明	基地面积（亩）	面积占比
集成电路制造	12英寸晶圆制造线	30万片/月	1800	42.86%
	8英寸晶圆制造线	6万片/月	150	3.57%
集成电路封测企业		40万片/月	800	19.05%
集成电路设计企业		NA	300	7.14%
集成电路装备企业		NA	500	11.90%
集成电路材料企业		NA	650	15.48%
使用面积合计			4200	100.00%

②投入产出：满产年产值1019亿元，单位土地面积产出2427万元/亩，项目投资累计达3264亿元。

12英寸晶圆制造和封装生产线主要依靠政府投资拉动，从项目落地到满产共需约3000亿元资金，有必要成立新的集成电路产业基金并结合社会资本（表6-8）。

产业投入产出估算 表6-8

项目类型		投资（亿元）	年产值（亿元）	基地面积（亩）	单位土地面积产出（万元/亩）
集成电路制造	12英寸晶圆制造线	2535	633	1800	3517
	8英寸晶圆制造线	203	24	150	1600
	集成电路封测企业	440	240	800	3000
集成电路设计		22	80	300	2667
集成电路装备企业		42	25	500	500
集成电路材料企业		22	17	650	266
合计		3264	1019	4200	2427

③人员需求：估算从业人员 43319 人，其中专业技术人员占比约 39%，管理人员占比约 5%。

预计 2025 年专业技术人员需求 16680 人，至少是本科或大专学历，硕、博研究生也占一定比例。涉及专业包括：电子、微电子、化学、物理、化工、机械、材料等。

④水、电需求：半导体中的杂质对电阻率的影响非常大，芯片生产中需要大量使用超纯水❶来进行清洗。用水来源中，2% 使用自来水作为饮用级生活用水，98% 使用再生水进行生产和运营，但须先处理成为"自来水质用水"，再在此基础上制成超纯水供集成电路生产使用。

随着产能扩张而用水量增加，满产后每月用水需求量为 262 万吨，用电需求量为 4.24 亿度，污水排放量每月 184 万吨（每日约 6.13 万吨）。

用电方面，因制造工艺和关键设备的使用对于用电电压变化等供电质量方面有很高要求，需要采用双路电源供电系统提供独立供电保障，厂区内还需自备应急电源和大功率不间断电源（UPS）（表 6-9）。

水、电需求   表6-9

项目类型		2017年	2019年	2021年	2023年	2025年
晶圆厂产能	12 英寸先进工艺（万片/月）	2	5	10	20	30
	8 英寸特色工艺（万片/月）	2	3	4	6	6
晶圆厂用水	12 英寸线用水（万吨/月）	10	25	50	100	165
	8 英寸线用水（万吨/月）	4	6	8	13	13
晶圆厂用电	12 英寸线用电（百万度/月）	20	50	105	210	363
	8 英寸线用电（百万度/月）	8	13	17	25	25
封装厂	封装用水（万吨/月）	17	25	34	50	84
	封装用电（百万度/月）	2	5	10	21	36
合计	用水（万吨/月）	31	56	92	163	262
	用电（百万度/月）	30	68	132	256	424

❶ 超纯水，由自来水经过进一步过滤去除杂质生成，几乎去除氧和氢以外的所有原子。

⑤污水设施需求：集成电路生产设施除大量耗水、耗电外，因生产工艺使用多种化学试剂，产生的不同种类废水须经不同废水处理系统处理后方能排入市政污水管线。因此需要在主要芯片生产厂附近选址，就近规划专门用地，用于配建污水处理厂。

6.7.4 产业园区规划选址

（1）科学园：产业布局以集成电路主产业链为核心

科学园总规划面积6000亩，产业用地面积3500亩（图6-6）。将以集成电路主产业链为核心，重点引进集成电路制造、封装测试、设计等龙头企业项目，以及人才智库及培训平台、科研服务平台、研究院所等，打造成为集

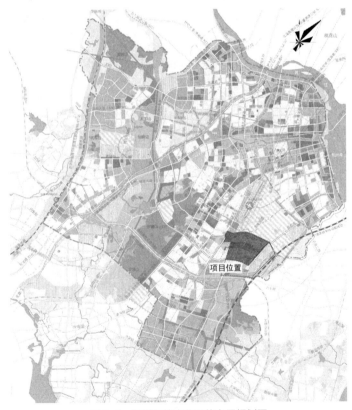

图6-6　科学园的产业区位布局规划图

产业、研发、科创、商贸、居住为一体的产居科技新城。预计 2025 年年产值约 1000 亿元。

（2）工业园：产业布局以集成电路配套产业为主

工业园总规划面积 12000 亩，产业用地面积 6000 亩，是以集成电路配套产业为主的产业园区，以及涵盖居住、度假功能的复合功能区。重点发展集成电路制造设备、封装设备、检测设备等装备类产业，半导体级硅晶圆、光刻胶等相关材料产业，以及智能穿戴产品等终端应用产业。预计 2025 年每月用水量约 30 万吨，每月用电量约 3500 万度。

6.7.5 产业园区城市设计主题

（1）目标与原则

园区以集成电路产业为核心，定位为集产业、商贸、居住为一体的产居科技新城。

将科学园打造成位于城市中心城区的现代生态高科技产业园区，以现代城市景观与滨水生态景观相结合，探索更加人性化的精致城市空间，实现科技产业形象与城市品牌的塑造。

以自然的山水、优美的环境、宜人的城市街道、活力多元的公共空间和惬意的建筑内部空间，组成促进人们交往交流、迸发创新灵感的环境氛围。

（2）城市设计五要素

1）节点

① 核心节点，集研发、办公、培训等功能于一体的生产性服务中心。

② 入口节点，结合交通节点，形成公园、广场、人文等景观节点。

2）区域

① 地方特色风貌区，保留地方特色建筑风格，展示独特人文景观的特色风貌区。

② 现代工业区，以简洁、大气、宽敞的建筑风格为主的产业风貌区。

3）路径

① 把各主要城市道路作为路径通道。

4）界面

① 建筑界面，重点打造产业服务综合体公共建筑界面及沿街配套服务建筑界面，以城市整体形态的美观以及机场限高要求，形成3个高度分区：

一级引导区：以低层建筑风貌、广场、停车场、市政设施为主的区域，建筑高度控制在15m以下（含15m）。

二级引导区：以多层建筑风貌，工业厂房为主的区域，建筑高度控制在15~25m（含25m）。

三级调控区：以小高层沿街工业配套服务建筑、工业研发混合建筑风貌为主的区域，建筑高度控制在25~35m（含35m）。

② 绿化界面，结合入口公园，沿园区大道打造绿化景观界面。

沿道路两侧绿带形成开敞的景观界面，结合景观轴线在园区入口处预留开口，引导景观的渗透，沿河流处形成开敞的滨河景观界面。

在保护自然河流的大前提下，滨江环境以整洁的几何形绿地和大面积树阵广场为特征，规划多功能的滨水活动空间，展现城市景观界面和生活界面。

5）地标

① 生产力中心（园区产业服务综合体）。

② 芯片制造科技主厂房。

6.7.6 园区产业服务综合体功能及设计主题

提供激发创意和高品质生活的空间环境氛围，满足创新和制造企业对园区各种服务的功能性需求，提供创新人才交流、生活的一站式"复合型花园空间"。

（1）结合产业服务中心沿道路形成连续的建筑景观界面，在产业服务中心增强核心区公共空间的围合感，强化核心区意向。

（2）保留周边历史村落，形成具有人文特色的业态。

在保护建筑风貌的基础上，引入民俗生活体验、公益博览、高档餐饮、特色民宿、娱乐休闲、特色策展、情景再现等业态，形成"街巷式情景消费街区"和"城市怀旧旅游的人文游憩中心"。

（3）形成智慧高地，引入集成电路高新技术产业服务机构，为未来新兴产业提供孵化创新环境，形成片区智慧型企业机构聚集中心，提供如下功能：

① 产业孵化中心。以新型服务业、集成电路高新产业为重点导入对象，为中小企业提供扶持、孵化的优质办公环境。

② 教育培训基地。为企业机构提供专业的职业技能培训服务，并结合产业园布局需求，营造高品质、专业化的产业平台。

③ 企业外包服务中心。形成现代服务业外包集聚区，完善科学园区产业体系。

④ 集成电路产业学术交流中心。为各企事业单位、研发机构提供软件、电路、芯片等主题的专业性的研讨交流平台。

（4）建筑功能布置上确保灵活性和变通性。除按照国际标准满足科研办公人员的空间利用效率之外，使建筑功能在垂直方向和水平方向均具备最大限度的空间分割和灵活改造的余地。

（5）采用界面一体化的设计策略和方法，将建筑界面与绿化和道路景观进行一体化设计，凸显服务建筑的功能性和公共性，满足日益变化的建筑功能需求，实现城市公共空间与建筑内部空间的立体交叉叠合。

6.7.7 制定重要发展措施

（1）成立集成电路产业领导小组，加强组织领导力度及高度，完善管理运作体系

成立层级高、市领导领军、各部门参与的本市集成电路产业领导小组，统筹规划及协调全市集成电路产业发展过程中的重大问题，制定相关政策及发展战略，并负责后续项目招商工作。下辖成立集成电路产业园区管委会，负责园区实际管理及行政工作，并提供包括：研发补助、投资审查、劳工/劳资关系、工业安卫、污染防治、工商登记、免税投资抵减、消防、公共设施、维护保养、地政、景观、土地建物租赁管理等单一窗口服务（图6-7）。

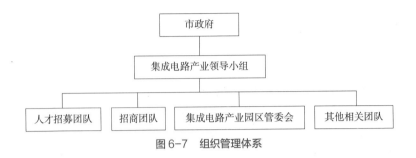

图 6-7　组织管理体系

聘请国内外知名专家担任本市集成电路产业发展决策咨询顾问，建立长期的外部专家智库团队及咨询制度，支持本市集成电路产业领导小组的规划工作。建立长期集成电路产业研究支持网络，跟踪国际集成电路产业发展态势，分析研究及定期讨论修正本市集成电路产业的发展方向、政策等问题。外部专家智库团队的成员可以是个人，也可以是企业。

（2）成立专门的人才团队进行国内外集成电路产业人才的招募及引才工作

在集成电路产业领导小组下成立专门的人才团队，负责全市集成电路产业人才的招募工作，并与市委人才办紧密对接。主要工作包括：制订针对集成电路产业的全球揽才计划；面向全球打包挖掘技术研发和运营管理人才团队。与第三方专业机构合作，在本市引进建立人才智库平台，协助政府进行招才引才育才的相关工作。将引才工作实施进展作为考核领导小组的一大指标。

（3）针对不同国家及地区实施差异化引才策略及工作

国内：优先锁定西安、哈尔滨、沈阳、成都等地的大学进行人才重点招募，支持企业与这些学校开展长期合作，提供实习及共同研发项目。

海外：在美国硅谷、日本、韩国、新加坡、东盟等地实施常态化引才工作。可和第三方机构合作。

华侨：支持鼓励华侨相关人才返乡（在国内其他地方或海外的本省/本地人）。

（4）从产官学研多方面加强人才培养工作

产（企业）：开放提供学校名额进行实习，提出专业人才的课程需求。

官（市政府相关部门）：在政策上提供奖励补贴方案，支持鼓励企业及学校开展合作。

学（高校）：国内外重点学校的合作引进，设立集成电路相关课程及科系（本科及研究生）。

研（研究机构）：结合相关学科研究优势，接受政府及企业委托，进行技术及政策等方面的咨询服务。

（5）引进人才智库及培训平台，开展各种集成电路专业咨询及培训课程

集成电路属于先进技术产业，随着科技的进步其技术会不断更新，其行业人员需要能够与时俱进，才能保证产业及企业的可持续发展。因此除在学校就培养人才外，毕业后的进修及培训课程也很重要，建议可与专业机构合作，开设一系列课程，以提升企业员工之专业知识与技能。

（6）建设完善科技支撑体系

鼓励国内外高校、科研院所在本地设立各种形式的研发中心、研究院，开展核心关键技术、前沿技术研发。鼓励企业与研究机构或高校合作，加快科技成果转化，提升企业创新能力和产品竞争力。

（7）建设专业服务、知识产权公共服务两大平台，提供测试、技术、新品展示等服务项目

两大平台对发展 IC 设计产业扮演非常重要及关键的角色，可以为企业提供软硬件、培训宣传、技能认证等共享服务（价格较低廉）。本地集成电路设计服务中心来整合这两大平台的功能及角色。平台建设联合经信部门、科技部门等多方力量（图 6-8）。

（8）建立集成电路产业联盟或协会，加强信息交流及共同合作等活动，完善产业生态圈

成立集成电路产业联盟或协会，将企业、学校、研究所、中介机构等组织起来，提供企业各种功能及服务，一方面成为官产学研之间的沟通管道，另一方面定期举办活动进行市内集成电路相关企业的交流活动，促进彼此之间的联系与交流，有助于完善行业生态圈（表 6-10）。

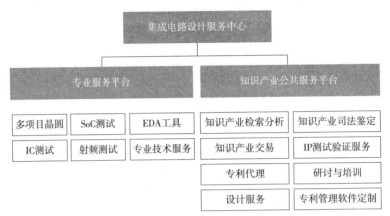

图6-8 集成电路专业服务平台架构

科研及服务平台措施   表6-10

企业认定	获得工信部等中国官方认定
新闻资讯	解析行业要闻，点评主要事件
产业政策	传达产业政策，反映企业诉求
交流合作	培训、沙龙、推荐会、研讨会等
知识产权	知识产权保护和应用
产品展示	会员单位产品展示
人力资源	产业培训、继续教育、高端人才中介

（9）成立专项基金，引进社会资本形成多元化的基金池

每年编列预算成立集成电路产业发展专项基金。市财政每年统筹安排一定预算作为专项基金，制定专项资金管理计划与办法，具体预算按照实际扶持项目需要，主要围绕本市集成电路产业重点发展项目，及相关支持政策的资金补贴及奖励需要。

引进社会资本，形成多元化的产业基金池。除安芯基金外，积极吸引本地传统行业及民间社会资本加入，成立多样态、多规模的集成电路产业发展基金，形成"政府牵头、社会资本参与、市场化管理运营"的健康有序发展的基金池。投资项目除包括制造及封测等大型项目，也引导基金支持国内的设计、装备、材料等国产中小型项目。

在银行贷款、企业融资、小额贷款、风险投资等方面给予支持。

（10）制定及出台集成电路专项发展政策文件

制定《A市集成电路产业发展规划（2016-2025）纲要》以及《A市人民政府关于加快培育集成电路全产业链的若干意见》。《A市集成电路产业发展规划（2016-2025）》从顶层设计层面，说明A市集成电路产业整体思路、发展方向、发展目标、发展重点等。《A市人民政府关于加快培育集成电路全产业链的若干意见》则在发展规划的基础下，围绕企业落户与培育、投融资、人才引进及培育、科技研发与创新、研发机构及公共平台等构面框架，提出具体的扶持及优惠政策，其中特别突出对台优惠，以及支持与本地行业联动发展的支持政策（图6-9）。

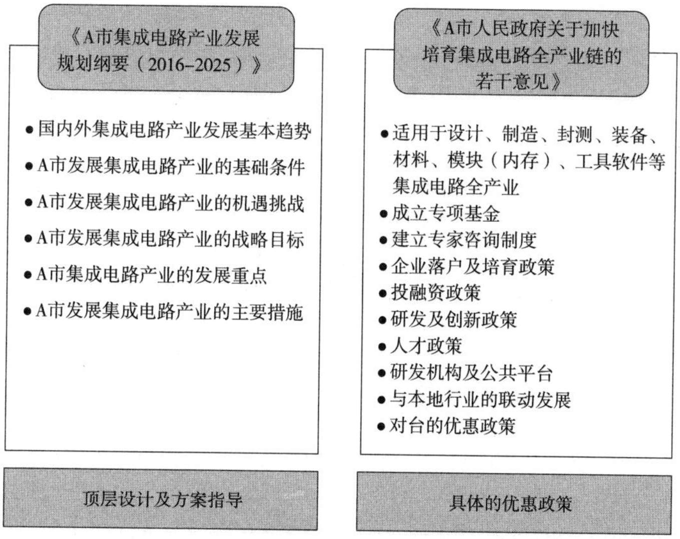

《A市集成电路产业发展规划纲要（2016-2025）》	《A市人民政府关于加快培育集成电路全产业链的若干意见》
• 国内外集成电路产业发展基本趋势 • A市发展集成电路产业的基础条件 • A市发展集成电路产业的机遇挑战 • A市发展集成电路产业的战略目标 • A市集成电路产业的发展重点 • A市发展集成电路产业的主要措施	• 适用于设计、制造、封测、装备、材料、模块（内存）、工具软件等集成电路全产业 • 成立专项基金 • 建立专家咨询制度 • 企业落户及培育政策 • 投融资政策 • 研发及创新政策 • 人才政策 • 研发机构及公共平台 • 与本地行业的联动发展 • 对台的优惠政策
顶层设计及方案指导	具体的优惠政策

图6-9 集成电路专项政策文件

（11）加快建设国际社区、国际学校、人才公寓、国际医院、重点中学等配套条件

集成电路属于高科技、高知识的行业，行业内人员都是高学识人士，对于居住环境、交通情况、学校教育、医疗环境等基础条件相当重视，应加快完善这些配套设施，以达到吸引人才及留住人才，形成产业集群及宜业宜居的目的。

（12）结合本省自贸保税区功能，为保税区及集成电路企业创造双赢价值

集成电路属于高成本的行业，若提供保税功能的服务，可降低企业运营成本。比如产品储放，集成电路企业自国外及其他地区进口材料及零部件，储放于综合保税区，依生产过程需要再运送至工厂，生产封装后再运回储放，最后再到下游终端客户手中。又比如装备租赁，集成电路装备企业自国外进口设备，储放于综合保税区，以租赁方式提供给产业园内企业，企业依合约年限支付租金，进口关税则按其价格，分年征收。

（13）建立完整的环境及工业安全团队，为企业、人民、环境、生态提供保障

集成电路属于高污染、高危险性的行业，除企业本身外，应在管委会设立完整的环境及工业安全团队，结合城市相关机制，为园区企业及员工、附近的小区及居民，以及全市的环境及生态，提供可持续性的安全保障。

（14）制定专项措施，推动发展愿景的实现（至2025年）（表6-11）

实现2025年发展愿景的十三项重要措施优先级列表　　　　　　　　　　表6-11

编号	措施建议	优先级
1	成立集成电路产业领导小组，加强组织领导力度及高度，完善管理运作体系	√√√
2	成立专门的人才团队，引进建立人才智库平台，进行集成电路产业人才相关工作	√√√
3	针对不同国家及地区实施差异化引才策略及工作	√√
4	从产官学多方面加强引进及培养人才工作	√
5	引进人才智库及培训平台开展各种集成电路专业咨询及培训课程	√
6	建设完善科技支撑体系	√√
7	建设专业服务、知识产权公共服务两大平台，提供测试、技术、新品展示等服务项目	√
8	建立集成电路产业联盟或协会，加强信息交流及共同合作等活动，完善生态圈	√
9	成立专项基金，引进社会资本形成多元化的基金池	√√
10	制定及出台集成电路专项发展政策文件	√√√
11	加快建设国际社区、国际学校、人才公寓、国际医院、重点中学等配套条件	√√√

6.7.8 制定集成电路产业近中远期发展行动方案

（1）明确本地集成电路产业近中远期发展将实施三步走方针（图6-10）

	第一步			第二步			第三步		
	2016	2017	2018	2019	2020	2021	2022	2023	2024	2025
制造	项目落地动工				一期项目投产及新项目落地动工			技术升级及产能扩充		
封测	重要企业招商落地				项目投产			发展壮大及后续招商		
装备/材料	重要企业招商落地				形成配套供给能力			发展壮大及后续招商		
配套及服务	启动基础配套及平台建设				培育、建设及完善			发展成熟期		
设计	寻求企业合作招商机会				重点企业招商落地			发展壮大及后续招商		

图6-10 产业发展行动方案

第一步（近期，2016~2019年）：加快龙头内存厂项目建设，完善基础建设，引进重要的封测（内存/逻辑IC）及装备/材料企业，启动配套服务平台建设，并寻求引进设计企业之机会。

第二步（中期，2020~2022年）：龙头内存厂项目开始投产，相关配套开始形成，开始建设知识产权/EDA工具等产业服务平台，加大引进设计企业之力度，实现全产业链布局。

第三步（远期，2023~2025年）：进行制造和封测企业的技术升级和产能扩充工作，以达到2025年的远期目标。

（2）确定招商战略

制造业：投资考虑因素依次为资金、人才、政策、配套，而与所在地的集成电路市场关系不大。

设计业：投资考虑因素依次为人才、市场、政策、资金，而与所在地配套产业的关系不大。

封测业：投资考虑因素依次为市场、资金、配套、政策、人才。

装备材料业：投资考虑因素依次为人才、政策、资金、市场，而受配套产业的影响不大。

实施"招龙头、贴市场、拥技术"三大招商战略，以构建本市集成电路产业。面对国内如厦门、武汉、合肥、上海等地区的竞争，本市必须更有针对性地招商，通过"招龙头、贴市场、拥技术"的招商战略，来建构本省及东南沿海地区首屈一指，具差异化、又兼具品牌及竞争力的集成电路产业。其中台湾企业，是重点招商的对象。

（3）制定招商行动方案

组织专业招商团队，针对集成电路产业进行国内外招商引资；与海内外专业机构对接，搭建共同招商合作服务平台；积极承办大型集成电路产业的国际性论坛活动；组织带队参加国内外专业展览。

6.8 小结

本章结合落地的案例分析城市产业策划的内涵和作用机制，探究从战略上寻找城市产业方向，以及从空间上选址、配套，从招商、招人、培养等方面实施落实的思路和方法，最终目的是促进城市产业的合理布局和配置，优化城市整体功能布局，实现城市和产业的可持续发展。

7 案例：泉州市普贤路地区建设策划

本片区案例以笔者主持的福建省泉州市普贤路干道沿线地区开发策划为例，以实证研究的方式，来简要说明城市发展策划方法在片区发展与治理中的具体应用。同时，该案例也充分展示了一个完整的城市地区开发与设计策划的过程。图7-1简述了本策划案例的主要框架。

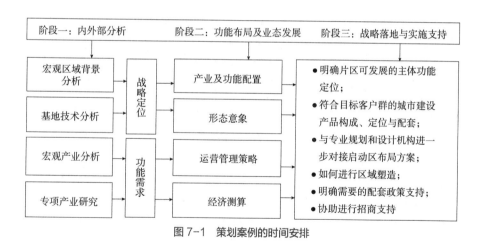

图7-1 策划案例的时间安排

泉州位于东南沿海的福建南部，是我国海峡西岸的重要经济中心城市和历史文化名城，作为"宋元中国的世界海洋商贸中心"而列入世界文化遗产名录。

泉州的中心城区呈现古城区、东海新城区的格局，分别作为城市传统历史文化的集中展示区，以及城市行政、现代商务及公共文化功能的集聚区，清源山则作为楔入城市中心城区的5A级风景区，成为城市的重要自然生态基地。随着城市高铁站的建成，普贤路作为连接高铁站和城市的重要干道，沿线地区迎来发展的契机。

通过分析可发现，普贤路片区周边文化资源非常丰富，南侧紧邻古城区丰富的人文历史资源，如开元寺、玄妙观、关帝庙、丰州古镇、西街等，北侧、东侧紧靠自然及人文资源丰富的清源山风景区、九日山风景区，涉及的历史文化街区、文物保护单位、历史保护建筑等传统文化资源超过50项（图7-2）。

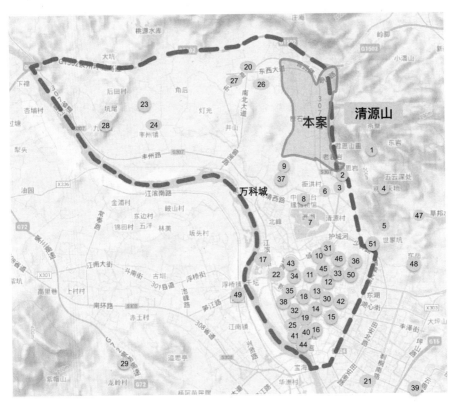

图7-2 片区周边的文化资源分布图

7.1 背景环境分析

（1）片区建设强度（建筑密度、高度）不宜过大，不宜选择引发交通量过大的功能业态，建筑和环境需要具备较高品质。

（2）本片区与市中心距离较近，并且基本未经开发，拆迁安置成本较低，随着高铁站的建成，普贤路两侧将迎来一轮强大的发展契机，凭借此区位优势加上毗邻清源山、西湖的景观优势，毗邻古城的文化优势，适宜发展具有一定文化品质的产业。

（3）泉州行政中心已经移至东海，主要的现代商务、文化会展等功能也随之而去。而具有优势的制造业基地一般处于泉州市中心的外围及下辖各县区，在缺乏行政力量带动和制造业产业带动的情况下，中心老城区缺乏经济增长点，根据泉州最新总规及相关产业规划，泉州产业需要提升服务职能，大力推动第三产业发展，综合比较来看，服务业轻资本重人力的特性适合在旧城区进行布局，能够激发旧城区新一轮产业升级。

（4）与古城区丰富而具有原真性的历史文化空间和功能相比，本片区宜偏重当代文化为主题，以实现差异化发展的目标。

7.2 产业分析

（1）通过背景及产业分析可以得出，泉州的交通等设施发展带来巨大的发展契机，包括机场、高铁、高速公路运输容量大幅增加，需善加利用，大力发展第三产业，提升第二产业，打造城市品牌形象，加快旅游发展，促进旧城更新。

（2）根据国际现有城市转型案例，主要转型方向有文化创意、信息技术、生物医药、新能源等产业类型，对于泉州来说，发展高新产业需要面临厦门的竞争，同时本身也缺乏优秀的高等院校和足够的人才作为支撑，无法作为短期的发展战略。

（3）泉州自身的历史文化和艺术资源丰富，丰沃的传统文化背景是当代文化与艺术发展的土壤，也是第二产业升级的巨大财富，发展潜力巨大。

（4）泉州行政、商务、会展等功能东迁至东海片区，旧城区的发展主题宜结合自身特点，选择文化、旅游及相关产业为主要功能，创建文化中心区。

（5）经产业分析验证，可知本片区适合大力发展第三产业；经环境与交通分析，可知本片区地理位置优越，周边文化资源和自然资源极其丰富，适合大力发展文化与艺术相关产业、旅游产业、养老养生产业。

7.2.1 产业配置初步意见

经过分析，考虑在本片区重点打造文化艺术相关业态，与泉州籍著名艺术家合作（如蔡国强等人）并由其牵头进驻，大力发展文化艺术产业，同时利用临近清源山的优势兼顾养老/养生和旅游产业，并配合适当的住宅与商业，实现业态多方向协调统筹发展。

7.2.2 文化产业专项分析

（1）国内文化产业发展概况

根据国际一般标准，人均GDP超过4000美元后文化类消费将大幅上升，2012年中国人均GDP接近6100美元，正处于消费结构转换的重要拐点上，近年来，我国文化产业发展迅猛，占GDP的比重也逐年上升，可以预期，未来文化产业将成为我国重要的高成长行业（图7-3、图7-4）。

（2）泉州文化产业发展概况

泉州市目前文化产业已初具规模，但是和周边城市如厦门、福州，及其他发达地区城市还是有很大差距（表7-1、图7-5），可以预见，未来泉州将迎来文化产业的发展高潮。

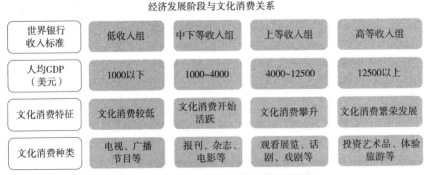

图7-3 经济发展阶段与文化消费关系示意

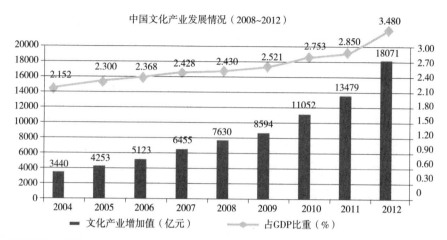

数据来源：国家统计局网站

图7-4 中国文化产业发展情况

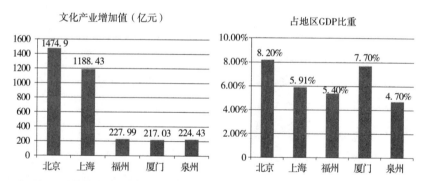

数据来源：研究报告、政府文件、各政府官网及统计局网站

图7-5 福建三大城市文化产业数据对比图

各城市文化产业消费特征（2012年）　　　　　　　　　　　　　　　　　　　　　表7-1

城市	人均GDP（美元）	文化消费特征
台湾	19888	文化消费繁荣
香港	35961	
北京	13797	
上海	13471	
厦门	12415	文化消费快速攀升
泉州	9159	文化消费攀升时期
福州	9321	

（3）泉州文化资源

①拥有国家级非物质文化遗产名录项目31项、省级名录项目61项，非物质文化遗产项目位列全国地市级第三并在福建省排名首位。

②泉州共有国家级文保单位14处，省级文保单位40余处。西街、开元寺、天后宫、老君岩、伊斯兰圣墓、郑成功陵墓等都是不可多得的精品历史建筑遗存。

③博物馆（纪念馆）共37个，包括闽台缘博物馆、海外交通史博物馆、华侨历史博物馆、佛教博物馆、南音博物馆以及大批独具特色的专业型博物馆。

④泉州还被联合国教科文组织认定为唯一海上丝绸之路起点，拥有大量与海上贸易、多元文化交流有关的历史景点。

（4）普贤路周边文化资源分析

本次研究发现，普贤路地区周边文化资源丰富，特别是老城区内分布集中。表7-2所示的范围内包括了清源山风景区、九日山风景区、晋江、西湖、开元古寺、玄妙观、关帝庙、丰州古镇、西街等丰富的自然与人文历史资源，以及城市旧区，占地面积约50平方千米。表7-2简述了片区附近的文化资源。

（5）泉州发展文化产业优势

对于泉州来说，发展文化产业的机遇与挑战并存：泉州目前的主导产业为第二产业，处于国际产业分工的中低端位置，科技含量相对较低，附加值低，创新水平较弱；在经济增长方式上，主要通过扩大投资、消耗资源、发展劳动密集型产业等方式来实现，在泉州最新一轮的总体规划中，明确提出了泉州产业结构调整和转型的目标要求。经过综合分析，认为泉州大力发展文化产业是具备一定优势的，主要体现在经济优势和文化资源优势两方面：

①经济实力优势：泉州的民营经济极其发达，对于经济贡献较大。泉州GDP数据已经连续14年在福建省位居第一，经济发展水平较高，可以较好地满足城乡居民的文化消费需求。良好的经济条件为泉州文化产业的发展奠定了坚实的物质基础。

片区附近的文化资源表　　　　　　　　　　　　　　　　　　　　　　　　　　　　表7-2

序号	资源目称	序号	资源目称	序号	资源目称
1	南台岩	18	天主教堂	35	后城古街巷
2	清源山山门	19	伊斯兰教清净寺	36	金山寨
3	解放军180医院	20	高铁站	37	福清寺
4	清源山风景区	21	领show天地创艺乐园	38	花桥慈济宫
5	佛教南少林寺	22	泉州当代艺术馆	39	海印寺
6	锦绣庄民间艺术园	23	佛教陀罗尼经幢	40	通淮关岳庙
7	西湖公园	24	丰州古镇	41	东观西台吴氏大宗祠
8	博物馆建筑群	25	T淘园音乐影视文化产业园	42	施琅故宅
9	智园文化创意园	26	软件园	43	奉圣宫
10	六井孔音乐文化创意园	27	高铁站站前区	44	锡兰侨民旧居
11	西街、开元寺	28	九日山风景区	45	旧馆驿古街巷
12	道教玄妙观	29	紫帽山风景区	46	通天宫
13	基督教泉南堂	30	承天寺	47	七里庵古地
14	儒教文庙	31	通天宫石经幢	48	东岳行宫
15	关帝庙	32	铜佛寺	49	长春妈祖宫
16	天后宫	33	定心塔	50	省僜诸禅师舍利塔
17	源和堂1916文化创意产业园	34	蔡清故居	51	开闽许氏宗祠

②文化资源优势：泉州是著名的历史文化名城，文化积淀极为丰厚，历史建筑等文化资源遗存众多；人文荟萃，名家辈出，蔡国强等泉州籍艺术家蜚声海内外；非物质文化遗产丰富，南戏、南音、南少林、铁观音文化、民俗文化深入人心，石雕、瓷雕、花灯等民间艺术都具备悠久的历史和精湛的技艺，在相关领域具有极高的知名度。

（6）文化产业分析小结及SWOT发展策略

泉州发展文化产业的优势和劣势都很明显，优势在于具有深厚的历史文化积淀与雄厚的物质基础，劣势在于当地产业结构已经固定，思想观念较为保守，对于文化、艺术等较为前沿的产业接受程度不高，相关人才也较为匮乏。

7.2.3 养老/养生产业专项分析

在制定策划方案的过程中，我们发现本片区临近清源山与解放军180医院，具有优质的自然环境和卓越的医疗保健条件，极其适合老人疗养与病人恢复，因此在考虑业态配置时将养老/养生产业作为可能的方案之一进行考虑，并进行了一些相关情况的研究。

（1）我国养老产业发展概况

近年来，我国老龄化人口不断增加，据全国第六次人口普查数据显示我国共有60岁以上的人口约1.78亿人，占总人口的3.26%，并且每年保持约3%的增长率，预计到2020年，我国60岁以上人口数量将达到2.43亿，约占总人口的17%，到21世纪中叶，60岁以上的人群可达4亿，约占总人口数量的25%。

按照联合国制定的相关标准，65岁以上人口达到该国总人口的7%或者60岁以上人口达到总人口的10%以上时即可认为该国已进入老龄化社会，按此标准，我国在进入21世纪之后已经成为老龄化国家，根据全国老龄办《"十一五"期间中国老龄事业发展状况》报告显示，中国老年人口增长速度达到800万人/每年，养老问题在我国已经成为一项事关国计民生的重要问题，同时也预示着我国养老产业将进入一个高速发展的阶段。

近年来我国养老机构发展较快，"十一五"期间养老服务床位大幅增加，全国养老机构38060个，床位266.2万张，比"十五"期末增长62%[1]。然而按照第六次人口普查结果来看，总床位数仅占老年人人口的1.5%，与发达国家5%~7%的比例差距较大，依然还有很大发展空间。

（2）泉州养老产业概况

根据分析显示，泉州养老产业尚不够发达，受传统闽南文化影响，泉州人养老还是更偏重于居家养老的方式，近年来泉州养老产业不断发展，但是每千人床位数等硬性指标依然远远低于全国平均水平，相比福建省的指标也有差距（表7-3、表7-4），并且泉州养老/养生服务机构数量偏少、布局也

---

[1] 全国老龄办《"十一五"期间中国老龄事业发展状况》报告。

不甚合理，泉州市区的养老机构数量比周边县区还少（表7-5），供需矛盾比较突出；同时这些养老机构普遍资金投入不足、设施不健全、功能不完善，在硬件条件上有待加强；在软件方面，专业的养老人员数量匮乏并且专业化程度不高，相关的服务规范、行业管理办法和市场监督工作有待加强，距行业平均水平还有很大差距，还有很大的提升空间。

泉州养老产业千人床位数 表7-3

年份	2007	2008	2009	2010	2011	2012
65岁以上老人数量（万人）	51.32	50.01	49.52	48.72	52.22	52.06
中老年福利机构（个）	10	10	9	8	17	17
床位（张）	349	350	301	145	1423	1423
千人床位数	0.68	0.7	0.61	0.3	2.73	2.73

泉州养老产业发展现状[1] 表7-4

	泉州	福建	中国	发达国家
千人床位数	2.7	4.5	8.6	50

泉州部分养老机构一览表 表7-5

机构名称	机构设置	运营方式	投资方	床位数
鲤城区社会福利院（老年公寓）	社会福利院	公营	政府	180
石狮市社会福利中心老年公寓	挂靠社会福利中心	公办民营	政府	150
石狮市龙海寺福利院	挂靠寺庙		市慈善总会和寺庙	130
晋江市庆莲寺高山亭颐养院	挂靠寺庙		寺庙	60
晋江市安海镇云水寺慈静敬老院	挂靠寺庙	民营	寺庙	50
南安市雪峰养老/养生山庄	独立	民营	私人	80
永春县老年公寓	独立		政府	130
德化县老年公寓	独立	公办民营	政府	140

---

[1] 发达国家千人床位数最低标准为50张。

（3）普贤路两侧发展养老/养生产业的优势

通过前述分析可知泉州的养老/养生产业拥有较大的市场潜力和提升空间，而对于本片区来说，具备若干发展养生/养老产业的独特优势，主要包括以下几点：首先，本片区基地紧邻清源山，为国家5A级风景名胜区，具有良好的自然资源优势；其次，本片区临近解放军180医院，该医院为福建省在体检保健方面的权威医院，对于老年人和有养生需求的人群具有强大吸引力；再次，基地具有优秀的交通条件，与高铁站近在咫尺，同时与市内交通联系便捷，对于市内居民或者周边城市居民来说可达性较强（表7-6）。

片区周边清源山与180医院发展养老产业优势　　　　　　　　　　　　　　　　　表7-6

代表性资源	区位	客源	养老产业发展优势	养老产业发展劣势
180医院，位于清源山脚下，具有60多年历史，集医疗、教学、科研、预防、保健体检为一体的综合性三级甲等医院	位于泉州清源山脚下，环境优美，北临高铁站，交通便利	泉州市民、泉州周边区县市民	位于清源山脚下，环境优美、空气清新，有利养老/养生。 靠近高铁站，方便出行。 近老城区商业中心，能够享受到老城区的公共设施。 近西湖公园，与清源山形成良好互动。 泉州经济发达，市民收入较高，养老/养生资金丰富	泉州整个养老产业氛围不浓厚，养老宣传力度不够。 泉州天然养老优势缺乏，市民就近养老（厦门）方便，外出养老盛行。 180医院周边、普贤路建筑以低端民居为主，养老社区未形成
清源山，泉州十八景之一，国家级重点风景名胜区，泉州市首个5A级风景区，景区有40平方千米，主峰海拔498米，与市区山城相依，与西湖山湖相映	位于泉州市北郊，俗称"北山"，主景区距泉州城市区3公里	泉州市民、泉州周边区县市民	山脉自然环境保存良好，环境优美，风景秀丽，利于养老/养生。 具有老君岩、九日山祈风石刻群、弘一大师舍利塔、三世佛、清源天湖等知名人文史迹。 泉州侨胞资源丰富，有传统回乡探亲养老、落叶归根思想。 近高铁站、老城区商业中心，出行购物方便。 近城区，近西湖公园，能够形成良好互动。 与山脚下180医院合作能够吸引更多养老/养生人群	泉州整个养老产业氛围并未形成。 泉州市民就近养老（厦门）方便，外出养老/养生盛行。 山体上禁止建设，不能直接利用清源山资源

7.2.4　产业配置结论

经过前述的论证，得到如下结论：

（1）泉州市需要着重优化产业结构（提升第二产业价值、建构第三产业服务），应推动有助于提升相关产业、环境的建设与营造。

（2）泉州市具备发展文化相关产业和养老/养生产业的优势和条件，考虑作为普贤路两侧的业态配置。

（3）清源山等自然景区与传统文化中心区之间形成的大约50平方千米区域，可以考虑规划为城市新的文化中心区，以当代文化、艺术、创意等为主，共同构成泉州的城市文化中心区。

（4）城市文化中心区的范围北至清源山、南至晋江、西至九日山、东至温陵路，面积约50平方千米。包括了清源山风景区、九日山风景区、龙头山、晋江、西湖、开元古寺、玄妙观、南少林、关帝庙、丰州古镇、西街等丰富的自然与人文历史资源（涉及历史文化街区、文物保护单位、历史保护建筑等众多的传统文化资源与自然景观资源），以及普贤路沿线地区等可开发地区。

（5）普贤路地区的自然、交通、景观等方面分析表明，该地区适合低密度、小体量，产业高端的业态（包括旅游、文化艺术、养老/养生、居住等），不适合密度大、体量大、中低端、引发交通量大的业态（包括大型公共建筑、大型城市中心，行政、商务、展演类）。

（6）普贤路地区作为城市传统文化中心区与高铁站、清源山景区之间的连接，具有良好的交通条件，应作为城市现代文化中心区的选址，大力发展当代文化、艺术、创意，以及养生、高端居住等产业。

7.3　普贤路两侧发展战略目标

通过前述分析，建议普贤路两侧利用临近高铁站和高速公路的交通优势以及临近清源山的景观优势，以文化艺术为领航功能，养生养老、旅游为主导功能，以品质居住及商业为支撑功能，打造成为产业与城市互相融合的魅力新区（图7-6）。

（1）城市文化艺术中心区

发挥文化资源优势，进行错位区域竞争，探寻城市旧城中心区复兴路径，尊重城市历史，以传统特色文化与文明为土壤，促成当代文化和艺术文明的

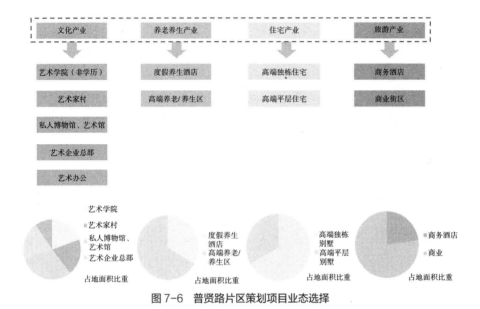

图 7-6 普贤路片区策划项目业态选择

突破，形成传统文化与现代文明融合的文化艺术中心区。焕发本地产业与文化生机，并借此吸引游客与艺术朝圣者。

（2）养生养老基地

依托清源山和180医院的优质养生资源和人文品质，强调人、建筑、环境的高度统一，打造泉州养生/养老产业高地，由于泉州独特的文化导致当地人还是偏重于居家养老，因此希望借助便捷交通优势吸引外来高端人群进行补充。

（3）生态居住区

借力文化与艺术产业集群发展契机，创建宜居秀美生态环境，与清源山优秀山林景观和谐共生，高端人群居住品质（本地型）。

7.4 业态配置及规模预估

根据普贤路两侧的发展战略目标和既定产业配置，结合标杆案例和相关设计规范，得出下列功能分配表（表7-7）。

功能配比一览表

表7-7

序号	产业	功能	选址要求	数量	单位	平均占地面积（hm²）	平均建筑面积（m²）	占地取值（hm²）	净容积率	建筑面积（m²）	售价（元/m²）	销售收入（亿元）	地价单价（元/m²）	地价收入（亿元）
1	文化艺术教育	艺术学院	近商铁/近校区	2	处	5	50000~100000	10	1.5	150000			-3000	-4.50
2		艺术家村	近商业街区/旅游集散，含画家村，戏剧村等	2	处	5~10	60000~120000，80~120，1000套	10	1.2	120000	6000	7.2	2000	2.40
3		私人博物馆、艺术馆	步行大道	40	幢	0.5	5000~10000	16	1.5	240000	6000	14.4	2000	4.80
4		艺术企业总部	步行大道/普贤路	30	幢	0.6~1.0	5000~10000	10	2.0	200000	6000	12	2000	4.00
5		创意办公	近商铁	1	处	5	50000~75000	5	1.6	80000	8000	6.4	2500	2.00
6		室内外文化演艺中心	室内近商业、室外部分结合商业街	1~2	处/条	2.5~3	30000~50000	3	1.5	45000			-5000	-2.25
7		配套明星艺术家住区	结合高端独栋/平层、清源山脚	120	栋/套	6~8	200~500m²，团队可住	8	0.6	48000	20000	9.6	8000	3.84
8	旅游商业服务	商务酒店	近商铁/园区/商业街	2	间	1.5	15000~20000	1.5	2.0	30000			500	0.50
9		高端养老/养生山脚	近180医院/清源山脚	1~2	处	20	80000~200000	20	1.0	200000	15000	30	5000	10.00
10		商业街	近室外文化演艺	2~3	条	5	500m长×16m进深+转角广场，约20000m²。另加大型商场（城郊型综合体）	5	2.0	100000	18000	18	25000	25.00
11	养生居住	度假养生酒店	近商铁/清源山脚	5	间	3~5	30000~50000	15	0.8	120000			5000	5.00
12		高端独栋住宅	近180医院/清源山脚	200	栋	20	400~1200	20	0.6	120000	35000	42	15000	18.00
13		高端平层住宅	近180医院/清源山脚	500	套	10	200~350	10	1.2	120000	25000	30	10000	12.00
14	安置	拆迁安置住宅	近信息学院/高速立交/园区	4000	套	20	80~120	20	2.0	400000			-2500	-10.00
15		马术俱乐部	清源山脚/近校区	1	处	10	80000~100000	10	0.8	80000			1000	1.00
16		艺术生宿舍	近商铁/近校区/近商业	1	处	2.5	28~40，2000套	2.5	3.0	75000	5000	3.75	1800	1.35
总计								166	1.28	2128000		173.35		73.14

参考文献

[1] 李晓江，张菁，董珂，等. 当前我国城市总体规划面临的问题与改革创新方向初探 [J]. 上海城市规划，2013（03）.

[2] 马文军，Marisa Carmona. 战略规划 [M]. 北京：中国建筑工业出版社，2015.

[3] 庄惟敏，建筑策划导论. 北京：水利水电出版社，2001.

[4] 马文军. 城市开发策划 [M]. 北京：中国建筑工业出版社，2005.

[5] 张庭伟. 规划理论作为一种制度创新——论规划理论的多向性和理论发展轨迹的非线性 [J]. 城市规划，2006，(8)：9-18.

[6] 卢卓君. 效率引导开发——城市规划策划理论及应用研究 [D]. 北京：中央美术学院，2012.

[7] 陈岩松. 城市经营 [D]. 上海：同济大学. 2007.

[8] 马文军. 城市开发策划（第二版）[M]. 北京：中国建筑工业出版社. 2015.

[9] 菲利普·科特勒，等. 市场营销管理 [M]. 梅清豪，译. 北京：中国人民大学出版社. 1997.

[10] 吴志强."全球化理论"提出的背景及其理论框架 [J]. 规划师，1998（2）.

[11] Peter Hall, The World Cities, London：Weidenfeld, Nicolson, 1966.

[12] John Friedmann and Goetz Wolff, World City Formation：An Agenda for Research, International Journal for Urban and Regional Research, 6, 1：309-344.

[13] Manuel Castells, The City and the Grassroots：A Cross-cultural Theory of Urban Social Movements, Berkeley：University of California Press, 1983.

[14] Saskia Sassen, The Global City：New York, London, Tokyo, Princeton University Press, 1991.

[15] Peter Mareuse and Ronald Van Kempen, Globalizing Cities: A New Spatial Order? Wiley-Blackwell, 2000.

[16] 朱介鸣. 政府与市场的合作机制——中国房地产市场在经济改革中的发展 [J]. 城市规划汇刊, 1996 (2): 50-56.

[17] 曼昆. 经济学原理第五版 [M]. 北京: 北京大学出版社, 2009.

[18] 倪鹏飞. 中国城市竞争力与基础设施关系的实证研究 [J]. 中国工业经济, 2002.5.

[19] 王世福. 城市特色的认识和路径思考 [J]. 规划师, 2009 (12).

[20] 李肖肖. 城市策划体系及其制度建议 [D]. 北京: 清华大学. 2009.

[21] 夏征农, 等. 辞海 [M]. 缩印本. 上海: 上海辞书出版社. 2010.

[22] 马宛中. 现代商业企业诊断 [M]. 北京: 中国国际广播出版社, 1996.

[23] 时保棠. 企业诊断学基础 [M]. 西安: 陕西人民出版社, 1997.

[24] 刘克林. 试论中西医双重诊断的必要性 [J]. 四川中医, 2007 (9).

[25] 杨谦柔, 张世典. 可持续都市住区环境诊断模式之研究 [J]. 城市发展研究, 2008 (6): 43-48.

[26] Doxiadis Ekistics. An Introduction to the Science of Human Settlement, Athens: Athens Publishing Center, 1968.

[27] State of New Jersey. NEW JERSEY STATE DEVELOPMENT AND REDEVELOPMENT PLAN.

[28] 吕晓蓓, 伍炜. 城市规划实施评价机制初探 [J]. 城市规划, 2006 (11): 41-45.

[29] 丁成日. 增长、结构和效率—兼评中国城市空间发展模式 [J]. 规划师, 2008 (12).

[30] 中国城市规划设计研究院. 战略规划 [M]. 北京: 中国建筑工业出版社, 2005.

[31] 韦亚平. 概念、理念、理论与分析框架 [J]. 城市规划学刊, 2006 (1).

[32] 段进. 城市空间发展论 [M]. 南京: 江苏科学技术出版社, 1999.

[33] 李萍萍, 吕传廷, 袁奇峰, 等. 广州城市总体发展概念规划研究 [M]. 北京: 中国建筑工业出版社, 2002.

[34] 章俊华. 规划设计学中的调查分析法与实践 [M]. 北京: 中国建筑工业出版社, 2005.

[35] 吴志强, 于泓, 姜楠. 论城市发展战略规划研究的整体方法——沈阳实例中的理

性思维的导入 [J]. 城市规划. 2003（1）：38-42.

[36] 丁成日，郭湘闽，何剑鸣，等. 城市发展空间战略规划研究 [J]. 城市规划学刊，2008（6）：24-31.

[37] 李彦军. 产业长波、城市生命周期与城市转型 [J]. 发展研究，2009（11）：4-8.

[38] Michael Porter. What is Strategy? Harvard Business Review. 1996. Nov-Dec：61-78.

[39] 饶会林. 城市经济学 [M]. 大连：东北财经大学出版社，1999.

[40] 住房和城乡建设部. 城市综合交通体系规划编制办法，2010.

[41] 住房和城乡建设部. 城市综合交通体系规划编制导则，2010.

[42] 孙施文，周宇. 城市规划实施评价的理论与方法 [J]. 城市规划汇刊，2003（2）：15-20.

[43] 白凤峥. 城市可持续发展评价指标体系的建立 [J]. 山西财经大学学报，2000，22（3）.

[44] 王颖，衡道庆. 产业结构特征将明确四大定量指标 [N]. 上海证券报，2010-10-13（05）.

[45] 宁越敏，唐礼智. 城市竞争力的概念和指标体系 [J]. 现代城市研究，2001（88）.

[46] 尹继佐. 城市竞争力 [M]. 上海：上海社会科学院出版社，2001.

[47] 费潇. 城市总体规划实施评价研究 [D]. 杭州：浙江大学，2006.

[48] 郭国庆，刘彦平. 城市营销理论研究的最新进展及其启示 [J]. 当代经济管理，2006（2）：5-12.

[49] 杨建一. 城市营销：深化陆家嘴开发的新理念 [J]. 上海管理科学，1999（4）：12-13.

[50] 马文军. 营销导向的城市规划：城市吸引力的创造 [J]. 上海城市管理，2005（4）：39-41.

[51] 李明. 营销导向的城市设计方法研究初探 [D]. 北京：中国城市规划设计研究院，2007（03）.

[52] 包晓兵，陈华臻. 城市规划编制的必要补充——规划策划 [J]. 科技信息，2009(13)：321.

[53] 孟庆学，朱乐尧. 产业配置经济学导论（理论、方法和模型）[M]. 大连：东北财经大学出版社，1991.

[54] 胡建东. 城市产业经济与城市规划关系初探 [J]. 上海市城市规划，1999（6）：15-21.

[55] 唐华茂. 未来产业政策实践中应注意的问题 [J]. 北京商学院学报（社会科学版），2000，1（5）：26-29.

[56] 孙明芳，王红扬. 产业规划的理论困境及其突破 [J]. 河南科学，2006，24（1）：149-152.

[57] 吴扬，王振波，徐建刚. 我国产业规划的研究进展与展望 [J]. 现代城市研究，2008（1）：6-12.

[58] 马涛. 产业规划：城市产业用地集约利用实现途径及其经济机理分析 [J]. 上海交通大学学报（哲学社会科学版），2008，16（6）：75-80.

[59] 达婷. 城市化背景下城市规划与产业规划的互动关系 [J]. 山西建筑，2008，34（12）：63-64.

[60] 吴建伟，毛蔚瀛等. 大规划：城市与产业 [M]. 上海：同济大学出版社，2009.

[61] 李云. 城市规划中产业规划的导向作用研究——以包头市为例 [D]. 杭州：浙江大学，2008.

[62] 曹林. 区域产业发展规划理论与实例 [M]. 北京：社会科学文献出版社，2014.

后 记

人类的城市时代已经来临，城市的发展面临着越来越多的挑战和日益激烈的竞争。发展是第一要义，必须通过科学发展的方法来解决前进中的问题。

在作为城市政府顾问、城建规划顾问工作的十多年里，我经历了城市战略规划、战略营销规划的制定，城市战略性新兴支柱产业的筛选，产业园区、高铁新城，公共文化中心、城市主干道、城市高架通道等公共设施的策划、建设、评估与设计，重要的设施规划选址与设计策划，重大活动与赛事策划，城市功能区更新提升，乡村振兴规划，以及多个智慧城市创新项目研究实践，获得了经验、教训，整理了城市发展策划的理论与方法，分析了战略、战术及实施等不同层次策划的特点，从产业、空间、融资、服务、运营等角度探索了如何实现城市的发展。

基于上述实践，本书是以我近年指导的研究生论文为基础，如李旭英的《案例学研究方法在城市规划中的应用研究——以晋江生态城市中心区的规划策划为例》（2008）、沈丽君的《城市空间发展战略规划诊断研究》（2011）、赖天龙的《基于城市营销导向的城乡战略规划研究——以广西贵港市为例》（2014）、罗莹路的《城市发展策划——一套有效的城市开发控制方法》（2014）、金莹的《策划城市发展——基于产城关系视角的城市产业策划研究》（2017）等，整理结合了我在上海交通大学主讲的"城市建筑开发策划"研究生课程材料编写而成。书中主要谈了一些我们的实践体会，摘选了城市战略的分析、营销规划的制定、城市未来支柱产业筛选和产业园区的策划设计、公共设施引导的片区开发等城市发展策划实践的做法介绍给大家。

后 记

2015年我在中国建筑工业出版社出版了《城市开发策划》（第二版），侧重城市大规模开发项目的策划。本书是它的姊妹篇，更加关注从决策者的城市发展战略构想的形成到关键性项目的落地，介绍的理念、案例和结论都是针对城市发展战略和关键性项目并从政府及其委托的平台公司等业主角度出发的，与一般的商业性市场开发活动的策划是有区别的。

感谢所有给予我们支持与信任的相关城市领导与职能部门、平台企业，感谢参与项目的交通、建筑、施工、旅游、文创、规划、设计、景观、开发企业的大力配合与协作，感谢策划团队的努力工作与探索，希望更多的业者、领导关注和参与这一问题的研讨，推动城市的健康发展。

城市不仅需要管理与控制，更需要发展与创新，通过策动城市高质量发展带动全人类的可持续发展！

作者于2021年深秋

图书在版编目（CIP）数据

城市发展策划 / 马文军著. —北京：中国城市出版社，2021.10
ISBN 978-7-5074-3404-0

Ⅰ. ①城… Ⅱ. ①马… Ⅲ. ①城市—发展—研究②城市规划—研究 Ⅳ. ① F299 ② TU984

中国版本图书馆 CIP 数据核字（2021）第 212836 号

责任编辑：何　楠　陆新之
责任校对：李美娜

城市发展策划
马文军　著
*
中国城市出版社出版、发行（北京海淀三里河路 9 号）
各地新华书店、建筑书店经销
北京雅盈中佳图文设计公司制版
北京市密东印刷有限公司印刷
*

开本：787 毫米 ×960 毫米　1/16　印张：$14\frac{1}{4}$　字数：215 千字
2021 年 11 月第一版　2021 年 11 月第一次印刷
定价：48.00 元
ISBN 978-7-5074-3404-0
（904400）

版权所有　翻印必究
如有印装质量问题，可寄本社图书出版中心退换
（邮政编码 100037）